カードの上手な切り方

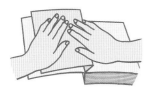

①たてのミシン目にそって
しっかり折る

②折り目のはしをつまんで
少しだけ切る

③ミシン目の内側をおさえながら、
少し丸めるようにして、
切りとる。

小学生の読解力アップ　もくじ

● カードは、副詞、連体詞、形容詞、形容動詞、繰り・・・・・・・・・・・・・・・・・・の9色に分けています。
具体的な収録語は索引でご確認ください。

気持ちや様子を説明する言葉	
副詞	001～136
連体詞	137～160
形容詞	161～264
形容動詞	265～464
繰り返し言葉	465～552
三字熟語	553～672

・・・ぐ言葉	
接続詞	673～728

決まった言い回しの言葉	
慣用句	729～928
連語	929～1000

JN052243

小学生の読解力アップカード1000さくいん

●この本に収録しているカード1000枚を50音順に並べています。
●数字はカードの通し番号です。

か行 ぎょう

小学生の読解力アップカード
1000

● **表紙カード**

それぞれの表紙カードを読解力アップカードの最初に置いて、表紙として使いましょう。

小学生の読解力アップカード**1000**

副詞

001 - 136

小学生の読解力アップカード**1000**

形容動詞

265 - 464

小学生の読解力アップカード**1000**

連体詞

137 - 160

小学生の読解力アップカード**1000**

形容動詞

265 - 464

小学生の読解力アップカード**1000**

形容詞

161 - 264

小学生の読解力アップカード**1000**

繰り返し言葉

465 - 552

小学生の読解力アップカード 1000

● 表紙カード

それぞれの表紙カードを読解力アップカードの最初に置いて、表紙として使いましょう。

小学生の読解力アップカード1000

小学生の読解力アップカード1000

三字熟語

553 – 672

小学生の読解力アップカード1000

慣用句

729 – 928

小学生の読解力アップカード1000

接続詞

673 – 728

小学生の読解力アップカード1000

連語

929 – 1000

小学生の読解力アップカード1000

慣用句

729 – 928

小学生の読解力アップカード1000

あいにく

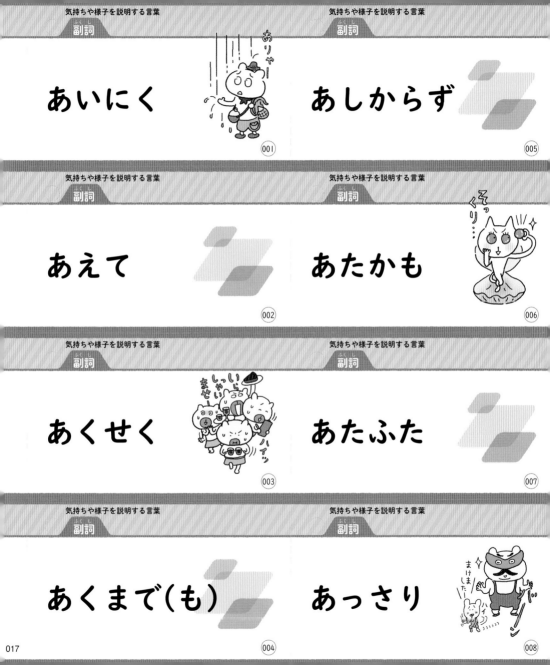

(001)

あえて

(002)

あくせく

(003)

あくまで（も）

(004)

あしからず

(005)

あたかも

(006)

あたふた

(007)

あっさり

(008)

悪く思わないで。
▶相手にすまないという気持ちを表す言葉。

例 急用ができて行けなくなりました。＿＿＿お許しください。　005

ちょうどそのとき、都合が悪い様子。

例 訪ねて行ったが、＿＿＿留守だった。／
明日の遠足は、＿＿＿雨で中止になりそうだ。　001

まるで。ちょうど。さながら。
▶多く、あとに「…のよう」の意味を表す言葉が続く。

例 彼女のひとみは、＿＿＿黒い真珠のようだ。　006

❶困難なことを知りながら進んで。無理に。
❷別に。必ずしも。
▶❷は、あとに「ない」などの打ち消しの言葉が続く。

例❶言いにくいことだが、＿＿＿言う。
❷＿＿＿危険をおかす必要はない。　002

あわてて、ひどくいそいで物事をする様子。
▶あとに「と」「する」が付いた形でも用いる。

例 急な来客で＿＿＿した。　007

心にゆとりがなく、目の前のことにとらわれて、いそがしく物事をしている様子。
類 こせこせ。せかせか。
▶あとに「と」「する」が付いた形でも用いる。

例 毎日＿＿＿働く。　003

---

❶さっぱりしている様子。
❷〔こだわらないで〕簡単な様子。
▶あとに「と」「する」が付いた形でも用いる。

例❶＿＿＿した味。❷＿＿＿と、あきらめる。　008

途中でやめることなく、最後まで。どこまでも。
▶ひらがなで書くことが多い。

例 ＿＿＿不正を追及する。　004

あながち

あらかた

⑨

あまた

あわや

⑩

あまつさえ

あわよくば

⑪

あらかじめ

あんぐり

⑫

⑬

⑭

⑮

⑯

だいたい。ほとんど。

例 昨夜積もった雪は＿＿＿＿＿とけた。 ⑬

必ずしも。
▶あとに打ち消しの言葉が続く。

例 彼女の言うことも、＿＿＿＿＿まちがいとはいえない。⑨

目前にせまった急な事態をさける様子。あぶなく（…するところ）。
▶悪いことが起こりそうなときに用いることが多い。

例 ＿＿＿＿＿けんかになるところだった。／
＿＿＿＿＿ぶつかるところだった。 ⑭

数が多いこと。たくさん。
▶㋐「あまたの」の形で用いることが多い。㋑やや古い言い方。

例 ＿＿＿＿＿の財宝を手に入れる。／花が＿＿＿＿＿さき乱れる。 ⑩

うまくいけば。

例 ＿＿＿＿＿引き受けてもらえるかもしれない。 ⑮

その上に。おまけに。
▶やや古い言い方。

例 大雨が続き、＿＿＿＿＿強い風までふいてきた。 ⑪

驚いたり、あきれたりして、口を大きく開ける様子。
▶あとに「と」「する」が付いた形でも用いる。

例 口を＿＿＿＿＿と開けて、じっと見つめた。 ⑯

前もって。前から。

例 会場の場所を＿＿＿＿＿調べておく。 ⑫

暗たんと

017

幾重にも

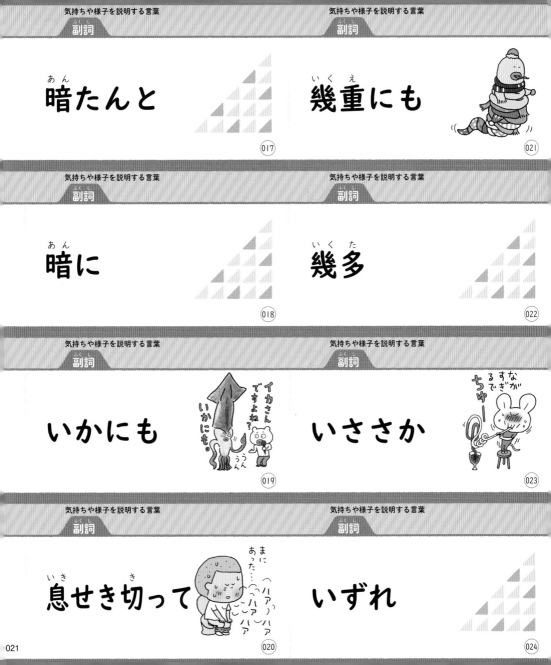

021

暗に

018

幾多

022

いかにも

イカさんですよね？

いかにも。

うんうん

019

いささか

すながでるぎがちゅー

023

息せき切って

まにあった…

ハァハァハァ

020

いずれ

024

❶たくさん重（かさ）なっている様子（ようす）。
❷何度（なんど）も重（かさ）ねて。繰（く）り返（かえ）し。

例 ❶＿＿＿＿巻（ま）かれたマフラー。
　　❷＿＿＿＿おわびいたします。　　　　（021）

先（さき）の見通（みとお）しがつかなくて、希望（きぼう）がもてない様（よう）子（す）。

例 よくないニュースばかりで＿＿＿＿した気分（きぶん）になる。（017）

たくさん。数多（かずおお）く。
▶「幾多（いくた）の」の形（かたち）で用（もち）いることが多（おお）い。

例 ＿＿＿＿の試練（しれん）にたえる。　　（022）

はっきりと示（しめ）さないで。

例 アイドルと知（し）り合（あ）いだと、＿＿＿＿ほのめかす。（018）

少（すこ）しばかり。わずか。

例 このストローは、＿＿＿＿長（なが）すぎる。（023）

❶どう考（かんが）えても。
❷ちょうどそのとおりの様子（ようす）で。
❸〔相手（あいて）の言葉（ことば）に答（こた）えて〕たしかに。

例 ❶ここであきらめるのは、＿＿＿＿残念（ざんねん）だ。
　　❷＿＿＿＿新春（しんしゅん）にふさわしい光景（こうけい）。
　　❸＿＿＿＿きみの言（い）うとおりだ。　（019）

❶近（ちか）いうち。そのうち。
❷どちらにしても。

例 ❶＿＿＿＿、また会（あ）おう。
　　❷＿＿＿＿忘（わす）れてしまう。　　　（024）

息（いき）を荒（あら）くして。はあはあと息（いき）をついて。

例 ＿＿＿＿かけつける。　　　　　　（020）

いたずらに

025

否や

029

一概に

026

命からがら

030

一向（に）

027

いまだかつて

031

いつぞや

028

いまだに

032

（…する）とすぐに。（…する）と同時に。
▶ふつう、「…するや否や」の形で用いる。

例 ふとんに入るや＿＿＿＿＿ねてしまった。　(029)

むだに。

例 ＿＿＿＿＿時間をすごしてしまった。　(025)

命だけはどうやら助かって。やっとのことで。

例 森でくまにあったが、＿＿＿＿＿にげのびた。　(030)

全体をひとまとめにして。細かいちがいを考えないで、全部同じように。
▶あとに「…ない」などの打ち消しの言葉が続くことが多い。

例 ＿＿＿＿＿一方だけが悪いとは言えない。　(026)

今までに一度も。
▶あとに打ち消しの言葉が続く。

例 ＿＿＿＿＿そんな話は聞いたことがない。　(031)

❶少しも。 類皆目。
❷まったく。
▶❶はあとに打ち消しの言葉が続く。

例 ❶おどかしても＿＿＿＿＿こわがらない。
❷悪口を言われても＿＿＿＿＿平気だ。　(027)

今になっても、まだ。

例 たのんだものが、＿＿＿＿＿届かない。　(032)

いつか前に。いつだったか。この間。

例 ＿＿＿＿＿はお世話になりました。　(028)

今なお

033

うっかり

037

いみじくも

034

うんざり

038

いやしくも

035

得てして

039

いわんや

036

おおむね

040

ぼんやりしていて、気がつかない様子。
▶あとに「と」「する」が付いた形でも用いる。

例 ＿＿＿＿＿していて、約束を忘れた。 (037)

今になっても、やはり。

例 ＿＿＿＿＿雨がふり続いている。／＿＿＿＿＿むかしのまま残っている。 (033)

すっかり飽きて、いやになる様子。
類 げんなり。
▶あとに「と」「する」が付いた形でも用いる。

例 毎度小言を言われて＿＿＿＿＿した。 (038)

本当にうまく。

例 この短歌は、＿＿＿＿＿今の私の気持ちを表している。(034)

[そうなりがちであることに対して] どうかすると。ともすると。とかく。

例 うぬぼれていると、＿＿＿＿＿失敗するものだ。(039)

たとえ、どうであろうとも。かりにも。
▶あとに「ない」「(する) な」などの言葉が続く。

例 ＿＿＿＿＿学生のすることではない。(035)

だいたいにおいて。おおよそ。
類 押しなべて。大体。

例 あの人の言うことは、＿＿＿＿＿正しい。(040)

わかりきっていることなので言う必要もなく。言うまでもなく。
▶古い言い方。

例 姉にもできない。＿＿＿＿＿私にできるはずはない。(036)

おおよそ

(041)

思うさま

(045)

押しなべて

(042)

おもむろに

(046)

おっとり

(043)

折あしく

(047)

おのずから

(044)

折り入って

(048)

思い切り。思うぞんぶん。

例 大好きなかき氷を＿＿＿食べたら、体が冷えてしまった。 045

だいたい。ほぼ。

例 お客さんは、＿＿＿二時にやってきた。 041

あわてずにゆっくりと。静かに。

例 校長先生は＿＿＿話し始めた。 046

全体にわたって同じように。
類 一般に。おおむね。大体。
▶少し古い言い方。

例 このクラスの生徒は＿＿＿元気だ。 042

具合の悪いことに。あいにく。

例 干し終わったとたん、＿＿＿雨がふってきた。 047

性質がゆったりと落ち着いている様子。
▶あとに「と」「する」が付いた形でも用いる。

例 ＿＿＿とした人は、餅つきの相方には向かない。 043

特に心をこめてたのむ様子。特別に。ぜひとも。

例 君に＿＿＿お願いしたいことがある。 048

ひとりでに。自然に。

例 基礎練習をすれば＿＿＿技術が上がる。 044

028

折しも
おり

(049)

辛うじて
かろ

(053)

俄然
がぜん

(050)

頑として
がん

(054)

必ずしも
かなら

(051)

ぎくしゃく

(055)

辛くも
から

(052)

毅然と
きぜん

(056)

ぎりぎりのところでうまくいく様子。もう少しでだめになりそうだったが。やっとのことで。ようやく。

例 ＿＿＿＿バスの時刻に間に合った。　　　　053

ちょうどそのとき。折から。
▶「折」を強めた言葉。

例 ＿＿＿＿、彼が笑顔でこちらへやってくるのが見えた。　　　　049

ほかの人から何と言われても、自分の考えや気持ちを決して変えない様子。

例 どんなにたのんでも、＿＿＿＿聞き入れない。　　　　054

急に勢いがよくなる様子。急に。にわかに。

例 好きな子が見ているので、＿＿＿＿張り切る。　　　　050

言葉や動作などが、なめらかでない様子。また、物事がなめらかに進まない様子。
▶あとに「と」「する」が付いた形でも用いる。

例 ＿＿＿＿した動き。／ふたりの関係が＿＿＿＿する。　055

ぜったいに…とはかぎらない。
▶あとに打ち消しの言葉が続く。

例 答案を早く出した人が＿＿＿＿よくできているわけではない。　　　　051

意志が強く、心がしっかりして動じない様子。

例 ＿＿＿＿した態度で立ち向かう。　　　　056

苦労してどうにか。やっとのことで。かろうじて。

例 ＿＿＿＿ピンチをのがれる。　　　　052

030

くっきり

心ならずも
こころ

⑤⑦

⑥①

くまなく

心ゆくまで
こころ

⑤⑧

⑥②

心して
こころ

こぢんまり

⑤⑨

⑥③

心なしか
こころ

殊更
ことさら

⑥⓪

⑥④

副詞

そうしたいとは思わないが、しかたなく。

例 引っ越して、＿＿＿＿転校することになった。 061

副詞

物の形がはっきりしている様子。あざやかな様子。

▶あとに「と」「する」が付いた形でも用いる。

例 めがねのあとが＿＿＿＿残る。 057

副詞

もうこれで十分だというまで。気がすむまで。

例 秋の景色を＿＿＿＿楽しんだ。 062

副詞

残るところなく。すみずみまで。

例 引き出しの中を＿＿＿＿さがしたが、見つからない。 058

副詞

小さく、きちんとまとまっている様子。

▶⑦あとに「と」「する」が付いた形でも用いる。
　⑦「こじんまり」と書かないこと。

例 ＿＿＿＿した家。 063

副詞

よく注意して。十分に気を配って。

例 旅行の注意事項を＿＿＿＿聞く。 059

副詞

❶意識して何かをする様子。わざと。
❷特に。とりわけ。

例 ❶雨の日に＿＿＿＿出かけることはない。
　❷その絵は＿＿＿＿すばらしい。 064

副詞

自分でそのように思うせいか。気のせいか。

例 友達の顔色は＿＿＿＿青ざめて見えた。 060

殊に

065

再三

069

殊の外

066

雑然と

070

こよなく

067

早速

071

金輪際

068

殺伐と

072

二度も三度も。たびたび。

例 貸した本を返してくれるよう、＿＿＿＿さいそく
している。 069

多くあるものの中で、そのものだけを取り出
して言う様子。ほかのものとはちがって特に。

例 山の夕ぐれはいつも美しいが、＿＿＿＿雨上がりは格別
だ。 065

ごたごたと入り乱れて、まとまりのない様
子。

例 彼女の机の上は本や文房具が＿＿＿＿置かれている。070

❶思っていることとちがって。意外に。思
いのほか。
❷特に。特別に。

例 ❶＿＿＿＿よい成績をおさめることができてうれしい。
❷今日は＿＿＿＿寒い。 066

時間をおかずに、すぐおこなう様子。
類 早急。至急。

例 学校から帰って、＿＿＿＿公園に出かけた。 071

比べるものがないほど、ほかとかけはなれて
いる様子。この上なく。

例 彼はすいかを＿＿＿＿愛している。 067

すさんで、荒々しい様子。また、うるおいや、
あたたかさが感じられない様子。

例 ＿＿＿＿した雰囲気が漂っている。 072

絶対に。断じて。
▶多く、あとに打ち消しの言葉が続く。

例 ＿＿＿＿、彼とはつきあわない。／＿＿＿＿、からいもの
は食べないと決めた。 068

034

さながら

(073)

しこたま

(077)

強いて
し

(074)

実は
じっ

(078)

しきりに

(075)

少なからず
すく

(079)

至極
しごく

(076)

少なくとも
すく

(080)

うれしくなるほどにたくさん。
▶くだけた言い方。

例 食料を_____買いこむ。 077

ちょうど。まるで。あたかも。
▶多くの場合、あとに「のよう」などの言葉がくる。

例 彼のおかし作りのうでまえは_____プロのようだ。 073

本当のことを言えば。本当は。事実は。

例 _____熱い食べ物が苦手だ。 078

無理に。

例 趣味はあまりないが、_____あげれば読書かな。 074

非常に。たいそう。ある程度。
▶「多く」よりも強い言い方。

例 父の言葉に、私は_____ショックを受けた。 079

❶何度も。たびたび。
❷程度や度合いが強いこと。熱心に。

例 ❶犬が_____ほえている。
❷先ほどから_____考えこんでいる。 075

❶少なく考えても。
❷ほかのことはないとしても、せめて。

例 ❶この作業をするためには、_____十人は必要だ。
❷_____、宿題だけは忘れずにしよう。 080

これ以上のものがないくらい。この上なく。
非常に。きわめて。
▶ひらがなで書くことが多い。

例 _____便利な道具。／_____もっともな意見。 076

036

すこぶる

(081)

そこはか
となく

(085)

既_{すで}に

(082)

そそくさ

(086)

切_{せつ}に

(083)

断_{だん}じて

(087)

即座_{そくざ}に

(084)

ちやほや

(088)

副詞

はっきりしないが、なんとなく。どことなく。

例 甘いかおりが、＿＿＿漂う。　　　　　(085)

副詞

ふつうの状態からかけはなれている様子。たいへん。非常に。
▶少し古い言い方。

例 父は、＿＿＿ご機嫌で帰ってきた。　　(081)

副詞

落ち着かず、いそがしそうに動く様子。
▶あとに「と」「する」が付いた形でも用いる。

例 客は＿＿＿と出て行った。　　　　　(086)

副詞

❶今より前に。先に。
❷今となっては、もはや。

例 ❶＿＿＿みんな知っている。
　❷＿＿＿手おくれだ。　　　　　　　(082)

副詞

❶《あとに打ち消しの言葉を続けて》絶対にそんなことはないという強い気持ちを表す。決して。どうしても。
❷強い決意を表す言葉。きっと。かならず。

例 ❶悪いことは＿＿＿しない。
　❷正しいことは＿＿＿おこなう。　　(087)

副詞

心から。しきりに。
▶あらたまった言い方。

例 あなたのご健康を＿＿＿おいのりします。(083)

副詞

甘やかしたり、機嫌をとったりする様子。
▶あとに「と」「する」が付いた形でも用いる。

例 ＿＿＿されていい気分だ。　　　　　(088)

副詞

その場で、すぐ。

例 よびかけに、＿＿＿応じる。　　　(084)　038

つい

到底

(089)

(093)

努めて

とうに

(090)

(094)

つぶさに

どうにか

(091)

(095)

てきぱき

当分

(092)

(096)

とても。どうしても。
▶あとに打ち消しの言葉が続く。

例 そんなひどいことは、僕には＿＿＿＿できない。 (093)

❶〔時間・距離などが〕ほんの少し。
❷習慣になっていて、うっかり。思わず。

例 ❶＿＿＿＿その先の店に買い物に行く。
❷ないしょのことを、＿＿＿＿話してしまった。 (089)

ずっと前に。早くから。とっくに。

例 花見の季節は＿＿＿＿過ぎた。 (094)

できるだけ。努力して。

例 本当はこわかったが、＿＿＿＿平気な顔をした。 (090)

❶苦労や問題があったが、とりあえず目的をはたした様子。
❷どのようにか。何とか。

例 ❶＿＿＿＿間に合った。
❷ちらかった部屋を＿＿＿＿しなさい。 (095)

もれがないように残らず。細かく。くわしく。

例 彼はひとつぶひとつぶ＿＿＿＿数え上げた。 (091)

しばらくの間。
▶期限をはっきり決めない言い方。

例 この暑さは＿＿＿＿続きそうだ。 (096)

すばやく物事をする様子。
類 きびきび。
▶あとに「と」「する」が付いた形でも用いる。

例 ＿＿＿＿と掃除をする。 (092)

どぎまぎ

⟨097⟩

取り分け

⟨101⟩

特に

⟨098⟩

なおかつ

⟨102⟩

とっさに

⟨099⟩

何しろ

⟨103⟩

ともすると

⟨100⟩

なまじ

⟨104⟩

特に。特別に。
▶ひらがなで書くことが多い。

例 教科の中でも、＿＿＿国語が好きです。 ⑩⑴

急なできごとなどに対して、あわて、うろたえる様子。
▶あとに「と」「する」が付いた形でも用いる。

例 突然声をかけられて、＿＿＿する。 ⑩⑼⑺

❶その上さらに。その上また。
❷それでもまだ。それでもやはり。あいかわらず。

例 ❶おもしろくて＿＿＿勉強にもなる本をえらぶ。
❷失敗しても＿＿＿挑戦を続ける。 ⑩⑵

多くあるものの中から、そのものだけを取り出して言う様子。

例 このまんがは＿＿＿おもしろい。 ⑩⑼⑻

どんな事情があっても、それは別にして。とにかく。何にしても。

例 すばらしい展覧会だったが、＿＿＿大変な人出だった。 ⑩⑶

とても短い間におこなう様子。

例 大きな音がして、＿＿＿身をふせた。 ⑩⑼⑼

❶しなくてもよいのに、わざわざする様子。
❷ちゅうとはんぱな様子。
▶「なまじっか」とも言う。

例 ❶＿＿＿口を出すからもめるんだ。
❷＿＿＿声が大きいのでうるさくてこまる。 ⑩⑷

場合によっては。どうかすると。ややもすると。
▶「ともすれば」とも言う。

例 ＿＿＿くじけそうになる心をはげましてくれた友達。 ⑴⑽⑽

何とか
<small>なん</small>

(105)

のらりくらり

(109)

難なく
<small>なん</small>

(106)

図らずも
<small>はか</small>

(110)

根こそぎ
<small>ね</small>

(107)

漠然と
<small>ばくぜん</small>

(111)

軒並み
<small>のきな</small>

(108)

甚だ
<small>はなは</small>

(112)

❶なまけて、ぶらぶらしている様子。
❷態度などがはっきりしないで、つかみどころがない様子。
▶あとに「と」「する」が付いた形でも用いる。
例❶毎日、＿＿＿と過ごす。
　❷何を質問されても、＿＿＿とかわす。　(109)

❶何でもよいから、とにかく何か。
❷何かの手段を用いることを表す言葉。
例❶＿＿＿言ったらどうだ。
　❷＿＿＿して時間を作ってほしい。　(105)

思いがけなく。意外にも。
▶あらたまった言い方。
例＿＿＿ふたりの意見が一致した。　(110)

何の困難もなく。
例さか上がりを＿＿＿クリアした。　(106)

ぼんやりしてはっきりしない様子。
例＿＿＿した説明で、よくわからない。　(111)

あるものを、全部残さず。
例なべの中身を＿＿＿もっていかれた。　(107)

非常に。たいへん。たいそう。
▶よくない様子について言うことが多い。
例そんなうわさを立てられては＿＿＿迷惑だ。　(112)

どれもこれも。一様に。
例台風で列車が＿＿＿おくれている。　(108)

ひいては

(113)

日増しに

(117)

引きも
切らず

(114)

ぴんと

(118)

一際

(115)

再び

(119)

ひとしきり

(116)

負けず
劣らず

(120)

日がたつにつれて、程度が強まる様子。日ごとに。

例 三月に入り、＿＿＿＿＿あたたかくなる。　⑰

それがもとになって、さらに進んで。

例 睡眠不足は集中力の低下、＿＿＿＿＿学力の低下につながる。　⑬

❶勢いよくはね上がったりそりかえったりする様子。❷まっすぐに張ったりのばしたりする様子。❸見聞きしたとたんに、わかる様子。

例 ❶胸を＿＿＿＿＿はる。❷ロープを＿＿＿＿＿のばす。❸うそをついていると、＿＿＿＿＿きた。　⑱

少しの切れ目もなく。次々と。ひっきりなしに。

例 見物人は＿＿＿＿＿やってきた。　⑭

もう一度。

例 少し休んでから、＿＿＿＿＿歩き出した。　⑲

[ほかと比べて]程度が激しい様子。きわだって。

例 畑の中で＿＿＿＿＿大きなカブを見つけた。／＿＿＿＿＿美しく見える。　⑮

たがいに力が同じくらいで、争う様子。

例 ＿＿＿＿＿の演技力をもつふたり。　⑳

しばらくの間（さかんに）続くこと。しばらくの間。

例 台風が過ぎたあとも、＿＿＿＿＿強い風がふいた。　⑯

まさか

(121)

無下（むげ）に

(125)

万（が）一（まん　いち）

ふゆ どうする の？ ？

(122)

むしろ

(126)

満更（まんざら）

(123)

むっつり

(127)

まんべんなく

(124)

めっきり

(128)

考えなしに。すげなく。むやみに。

例 親友のたのみなのに、＿＿＿＿ことわる。 ⑫5

いくら何でも。
▶⑦実際に起こりそうもないと考えて言う。
　⑦あとに「ない」「ないだろう」などの言葉が続く
　ことが多い。
例 前回の優勝チームが、＿＿＿＿予選で負けたりはしない
　だろう。 ⑫1

どちらかといえば。それよりもかえって。

例 おくれるくらいなら、＿＿＿＿来ないほうがよい。 ⑫6

もしも。ひょっとして。

例 ＿＿＿＿食べ物がなくなったら、どうしよう。 ⑫2

口数が少なくて、愛想のない様子。
▶あとに「と」「する」が付いた形でも用いる。

例 うそを指摘されて、彼は＿＿＿＿とだまりこんだ。 ⑫7

かならずしも。
▶⑦あとに打ち消しの言葉が続く。
　⑦ひらがなで書くことが多い。
例 ＿＿＿＿じょうだんばかりでもないようだ。／＿＿＿＿で
　もない。（＝まったく悪いというわけではない。かな
　りよい） ⑫3

目立って変わる様子。
▶あとに「と」が付いた形でも用いる。

例 最近、＿＿＿＿すずしくなった。 ⑫8

行き届かないところがないように。すみずみ
まで。

例 全教科を＿＿＿＿学習する。 ⑫4

滅法
めっぽう

(129)

やきもき

(133)

毛頭
もうとう

(130)

やにわに

うわおお…

(134)

専ら
もっぱ

(131)

夜もすがら
よ

(135)

やおら

さて…

(132)

我先に
われさき

(136)

副詞

〔どうしたらよいかわからず〕あれこれと心配して、いらいらする様子。

▶あとに「と」「する」が付いた形でも用いる。

例 返事がおそいので、＿＿＿＿する。 ⑬

副詞

非常に。はなはだしく。

▶少し古い言い方。

例 決勝で当たった相手は、＿＿＿＿強い選手だった。 ⑫

副詞

いきなり。だしぬけに。急に。

例 何を見つけたのか、犬が＿＿＿＿かけだした。 ⑬

副詞

〔「毛の先ほども」の意味から〕少しも。全然。

▶あとに打ち消しの言葉が続く。

例 勝てるとは＿＿＿＿思わなかった。 ⑬

副詞

夜どおし。ひと晩じゅう。

▶⑦「すがら」はその間じゅうずっとの意味。⑦古い言い方。

例 ＿＿＿＿星を観察していた。 ⑬

副詞

〔ほかのことはしないで〕そのことだけをする様子。そのことばかり。

例 夏休み中は、＿＿＿＿両親の手伝いをしている。 ⑬

副詞

自分が先になろうと争う様子。

例 ＿＿＿＿にげ出す。 ⑬

副詞

ゆっくりと。おもむろに。

例 書き上げた手紙を持って、＿＿＿＿立ち上がった。 ⑬

明<ruby>明<rt>あ</rt></ruby>くる

(137)

いわゆる

(141)

あらゆる

(138)

<ruby>心<rt>こころ</rt></ruby><ruby>有<rt>あ</rt></ruby>る

(142)

いかなる

(139)

<ruby>実<rt>じつ</rt></ruby>の

(143)

<ruby>色<rt>いろ</rt></ruby>よい

(140)

<ruby>切<rt>せつ</rt></ruby>なる

(144)

051

ふつうによく言われている。多くの人がよく言う。

例 あの三つの山が＿＿＿大和三山です。　(141)

次の。翌。
▶日・月・年などの言葉に付けて使う。

例 ＿＿＿日。／＿＿＿年。／＿＿＿朝。　(137)

深い考えをもっている。また、思いやりがある。

例 ＿＿＿人は、最近のマナーに欠ける社会の風潮をうれえている。　(142)

すべての。あるかぎりの。

例 いなくなったねこを、＿＿＿手段を使って探す。　(138)

本当の。血のつながりのある。

例 ＿＿＿きょうだい。　(143)

どんな。どのような。
▶あらたまった言い方。

例 ＿＿＿事情でも、遅刻はみとめない。　(139)

とても強い思いがこもっている様子。

例 彼女の＿＿＿願いは、オーディションに合格することだ。　(144)

こちらの望むとおりの。都合のよい。

例 ＿＿＿返事を期待する。　(140)

素知らぬ（そし）

(145)

ただならぬ

(149)

大した（たい）

(146)

単なる（たん）

(150)

大それた（だい）

おとのさまになる。

(147)

ちょっとした

(151)

大の（だい）

とある

(148)

(152)

ふつうではない。

例 ＿＿＿音で目を覚ました。 (149)

知っているのに、わざと知らないふりをする様子。

例 友達に出会ったが、＿＿＿顔で通りすぎる。 (145)

ただそれだけでほかに何もふくまない様子。ただの。

例 今もどこかに恐竜がいるなんて、＿＿＿空想にすぎない。 (150)

❶すばらしい。たいへんな。
❷とりたてて言うほどの。
▶❷はあとに打ち消しの言葉が続く。

例 ❶＿＿＿うでまえだ。❷＿＿＿けがではない。 (146)

❶ささやかな。わずかの。
❷〔❶を反対の意味に使って〕かなりの。そうとうの。

例 ❶＿＿＿はずみにたおれた。
❷彼のうでまえは＿＿＿ものだ。 (151)

正しい筋道からひどく外れた。また、能力や身分をわきまえない。とんでもない。

例 ＿＿＿考えをもつ。 (147)

ある（一つの）。
▶たまたま行きついた場所・建物、ぐうぜんそうなった日時などについて言う。

例 北国の＿＿＿町で会った人。／＿＿＿夏の日に見つけた花。 (152)

❶大きな。一人前の。
❷非常な。たいへんな。

例 ❶＿＿＿大人が子どもに負けた。
❷＿＿＿好物。／＿＿＿なかよし。 (148)

当の
（とう）

153

ふとした

157

名だたる
（な）

154

ほんの

158

人知れぬ
（ひと　し）

155

例の
（れい）

159

ひょんな

156

ろくな

160

意図しない偶然で。ちょっとした。

例 _____言葉の行きちがいでけんかになった。 ⑮

ちょうど今話題になっている。

例 彼女のうわさが流れているが、_____本人は何も知らない。 ⑮

まったくわずかの。ちょっとした。

例 冬休みの間に、体重が_____少し増えた。 ⑱

世間に名前を知られた。有名な。評判の。

例 世界に_____ピアニストが、来日コンサートをおこなう。 ⑭

いつもの。あの。

例 _____件はどうなったかね。 ⑲

人にはわからない。

例 _____努力をして成功した。 ⑮

大した。満足できるような。
▶あとに打ち消しの言葉が続く。

例 _____本を読んでいない。 ⑯

思いがけない様子。意外な。

例 ふたりは、_____きっかけで知り合った。 ⑯

愛（あい）らしい

(161)

あっけない

(165)

あえない

さいごの
み…

(162)

当（あ）て付（つ）け
がましい

おしずかに

(166)

浅（あさ）ましい

(163)

いかがわしい

(167)

味気（あじけ）ない

(164)

いかつい

(168)

思ったより簡単で、物足りない様子。

例 試合はあっけなく終わった。　⑯

かわいらしい様子。

例 ＿＿＿＿お姫さま。　⑯

わざとらしく相手にわかるように、はっきりとではなく何かを言ったり、見せたりする様子。

例 友達と話していたら、当て付けがましく注意された。　⑯

あっけなく、もろい。

例 庭の木の実はあえなく全滅した。　⑯

---

❶あやしくて、信用できない。
❷よくない。下品だ。

例 ❶どうも＿＿＿話だ。❷＿＿＿おこない。　⑯

❶みじめで、情けない様子。
❷〔性質などが〕いやしくて、情けない様子。

例 ❶落ちぶれて＿＿＿姿になる。
❷楽をして金をもうけようなんて＿＿＿考えだ。　⑯

姿・形などが、ごつごつしてやわらかみがない。
類 いかめしい。

例 体のがっちりした、＿＿＿顔立ちの男性。　⑯

おもしろみや、張り合いがなくて、つまらない。
▶「あじきない」とも言う。

例 楽しみにしていたドラマの最終回が終わってしまい、＿＿＿思いだ。　⑯

いかめしい

いぶかしい

⑯⑨

⑰③

いたわしい

忌（い）まわしい

⑰⓪

⑰④

いとおしい

卑（いや）しい

⑰①

⑰⑤

いとわしい

胡散臭（うさんくさ）い

⑰②

⑰⑥

どこか変なところがあって、あやしい。様子
がよくわからなくて、うたがわしい。

立派で重々しい。威厳がある。
類 いかつい。

例 話の内容に＿＿＿点がある。 (173)

例 ＿＿＿さむらい。 (169)

❶よくないことが起こりそうで、いやな感
じである。不吉だ。
❷にくむべきである。きらいである。

気の毒である。かわいそうである。

例 ❶＿＿＿予言。❷＿＿＿事件。 (174)

例 あんな目にあって、＿＿＿。 (170)

❶身分・地位が低い。❷貧しくて、みすぼ
らしい。❸下品である。心がきたない。
❹意地きたない。

❶〔かけがえのない存在として〕かわいらし
い。
❷かわいそうだ。

例 ❶＿＿＿職業などない。❷＿＿＿身なり。
❸＿＿＿根性。❹食べ物に＿＿＿人。 (175)

例 ❶孫が＿＿＿。❷雨にぬれたねこが＿＿＿。 (171)

様子や態度がどことなく、あやしい。

いやである。きらいである。

例 ＿＿＿訪問販売員。 (176)

例 へびは見るのも＿＿＿。 (172)

後ろ暗い（うしぐら）

(177)

得難い（えがた）

(181)

うずたかい

(178)

えげつない

(182)

疎い（うと）

(179)

奥床しい（おくゆか）

(183)

恨めしい（うら）

(180)

おこがましい

(184)

手に入れるのが難しい。めったに見つからなくて、貴重である様子。

例 ＿＿＿＿友人と出会った。 (181)

人に知れたらとがめられるような秘密をもっている様子。

例 ＿＿＿＿ところがあるのか、落ち着かない様子だ。 (177)

いやらしい。どぎつい。同情する気持ちがない。
▶もともとは関西地方の言葉。

例 ＿＿＿＿ことを言う。 (182)

もり上がって高くなっている。

例 うずたかく積まれたパンケーキ。 (178)

上品で深みがあり、心がひかれる様子。

例 ＿＿＿＿態度で感じがいい。 (183)

よく知らない。関心が薄い。

例 僕はマンガにはくわしいが、アニメには＿＿＿＿。 (179)

でしゃばっていて、生意気である。

例 私が人にものを教えるなんて、＿＿＿＿ことです。 (184)

うらみたい気持ちである。残念である。情けない。

例 ひどいうわさをたてた人が＿＿＿＿。／根性のない自分が＿＿＿＿。 (180)

押し付けがましい

（185）

覚つかない

（189）

恐れ多い・畏れ多い

（186）

思い掛けない

（190）

おびただしい

（187）

思わしい

（191）

おぼしい

（188）

かぐわしい

（192）

たしかでない。しっかりしていなくて、たよりない。

例 疲れで足どりが＿＿＿。／こんなことでは成功は＿＿＿。　　　　　(189)

〔自分の気持ちや考えを〕人に無理に理解させようとする様子。

例 彼の親切は＿＿＿。　　　　　(185)

考えてみたこともない。思ってもみない。

例 ＿＿＿幸運にめぐまれた。　　　　　(190)

ありがたい。もったいない。

例 先生がご自身で届けてくださるなんて、＿＿＿ことです。　　　　　(186)

思うとおりで都合がよい。望みどおりのよい状態である。

例 ＿＿＿返答がなかった。／症状が思わしくない。　(191)

❶数や量が、とても多い。
❷物事の程度が、たいへんひどい。

例 ❶＿＿＿数の鳥。
❷生意気で、にくらしいこと＿＿＿。　(187)

〔うっとりするような〕よいにおいである。

例 ＿＿＿花のかおり。　　　　　(192)

…と考えられる。…と思われる。
▶「…とおぼしい」「…とおぼしき」の形で使う。

例 犯人と＿＿＿人物。　　　　　(188)

かまびすしい

(193)

気ぜわしい
（き）

(197)

がめつい

(194)

気安い
（き やす）

(198)

頑是無い
（がん ぜ な）

(195)

極まりない・
窮まりない
（きわ）
（きわ）

(199)

ぎこちない

(196)

口さがない
（くち）

(200)

心があせって、いそがしい。

やかましい。さわがしい。

例 年末は町じゅうが＿＿＿＿＿雰囲気になる。 ⑲

例 周囲の笑い声が＿＿＿＿＿。／小鳥の鳴き声が＿＿＿＿＿。 ⑲

遠慮がいらなくて、気が楽である様子。

よくが深く、もうけることにぬけめのない様子。
▶くだけた言い方。

例 ＿＿＿＿＿友達。／気安く相談できる人。 ⑲

例 彼は、仲間から＿＿＿＿＿やつだと言われている。 ⑲

この上ない。
▶「ない」は打ち消しの意味だが、ここでは打ち消しの形ではなく「極まる」とほぼ同じ意味になる。

まだおさなくて、物事のよしあしがよくわかっていない。聞き分けがない。

例 失礼＿＿＿＿＿態度。 ⑲

例 ＿＿＿＿＿子どもをだましてはいけない。 ⑲

〔人のうわさなどを〕いろいろ話して、つつしみがない。

〔言葉や動作などが〕不自然である。なめらかでない。
▶「ぎごちない」とも言う。

例 近所の人たちが口さがなくうわさ話をしている。 ⑳

例 包丁の持ち方が＿＿＿＿＿。 ⑲

口幅(くちはば)ったい

(201)

心憎(こころにく)い

(205)

気高(けだか)い

(202)

小(こ)ざかしい

(206)

険(けわ)しい

たすけて！

(203)

好(この)ましい

(207)

心(こころ)ない

ボキッ

なんと‼

(204)

さりげない

サッ

(208)

にくらしく思うほど、すばらしい。

例 彼女の作品は＿＿＿＿ほどのできばえだ。 (205)

言うことが自分の身分や能力以上である。言うことが身のほど知らずである。

例 ＿＿＿＿ことを言うようですが…。 (201)

❶利口ぶっていて、生意気だ。
❷悪がしこくて、ぬけめがない。

例 ❶＿＿＿＿口をきく。
❷＿＿＿＿やり方で金もうけをする。 (206)

どことなく清らかで、上品である。

例 雪におおわれた富士山は＿＿＿＿感じがする。 (202)

❶好きである。感じがよい。
❷都合がよい。のぞましい。

例 ❶さわやかで、＿＿＿＿少年。
❷できればきみに行ってもらった方が＿＿＿＿。 (207)

❶〔山や坂の〕かたむきが急な様子。
❷困難な様子。危険な様子。
❸〔言葉や顔つきが〕とげとげしくきつい様子。

例 ❶＿＿＿＿山道を登る。❷任務遂行への道は＿＿＿＿。
❸夜おそく帰ると、＿＿＿＿顔をした父が待っていた。(203)

そのような様子を見せない。何気ない。

例 友達の＿＿＿＿気づかいがうれしかった。 (208)

物事の正しい筋道をわきまえておらず、考えが足りない様子。また、思いやりがない様子。

例 桜の木の枝を折るとは＿＿＿＿ことをするものだ。 (204)

しおらしい

(209)

しかつめ
らしい

(210)

しどけない

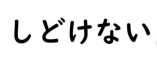

(211)

如才（じょさい）ない

(212)

すばしこい

(213)

図太（ずぶと）い

(214)

せせこましい

(215)

せわしない

(216)

動作などが、とてもはやい様子。
▶「すばしっこい」とも言う。

素直で、おとなしい。ひかえめで、いじらしい。

例 すばしこくにげ回る。　　　　　　　　⑬

例 おてんばの姉が、めずらしくしおらしくなってしまった。　　　　　　　　⑨

だいたんで、ちょっとしたことには驚いたり心配したりしない様子。ふてぶてしい様子。

まじめくさっている様子。また、もっともらしい様子。

例 失敗しても気にしない、＿＿＿性格。　　⑭

例 ＿＿＿あいさつ。／＿＿＿顔でしゃべっているが、話の内容はうたがわしい。　　　　⑩

❶物がごたごたとあって、せまくて、きゅうくつである。
❷〔気持ちなどが〕こせこせしている。

服装などが乱れていて、だらしがない。

例 ❶＿＿＿仕事場。❷＿＿＿考え。　　　⑮

例 起きたばかりの、＿＿＿姿。　　　　　⑪

落ち着きがなく、せかせかしている。いそがしい。せわしい。

よく気がついて、愛想がいい。

例 あたりをせわしなく掃除している。／引っ越しの準備で、＿＿＿日々を送る。　　⑯

例 如才なくふるまう。　　　　　　　　　⑫　070

そっけない

(217)

つつがない

(221)

類いない
たぐ

(218)

慎み深い
つつし ぶか

(222)

たわいない

(219)

つつましい

(223)

拙い
つたな

(220)

手堅い
て がた

(224)

いつもと変わったことがない。無事である。

例 卒業式はつつがなく終わった。 (221)

思いやりや愛想がない。

例 言葉は＿＿＿が、態度は優しい。 (217)

立場や場所柄を考えて、ひかえめである。

例 学校では慎み深くふるまう。 (222)

ほかに比べるものがない。
▶「類い」は、同じ程度のもののこと。

例 世に＿＿＿美しさ。 (218)

遠慮深い。ひかえめである。

例 つつましくお祝いをする。 (223)

❶張り合いがない。手ごたえがない。
❷深い考えがない。

例 ❶たわいなく言い負かされた。
❷行動もおさないが、考えることも＿＿＿。 (219)

しっかりしていて、あぶないところがない。

例 勝つために、＿＿＿作戦を立てる。 (224)

❶へたである。
❷十分ではない。行き届かない。
❸運が悪い。

例 ❶＿＿＿文章。
❷＿＿＿者ですが、どうぞよろしくお願いします。
❸武運拙くうち死にする。 (220)

072

手っ取り早い
て と ばや

225

涙もろい
なみだ

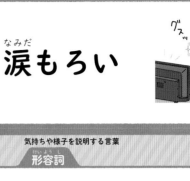

229

乏しい
とぼ

226

似つかわしい
に

230

嘆かわしい
なげ

227

妬ましい
ねた

231

何気ない
なにげ

228

熱っぽい
ねつ

232

ちょっとしたことにもすぐ感動して、涙を流しやすい。

例 私の母は＿＿＿。 (229)

すばやい。また、手間がかからず、簡単である。
▶くだけた言い方。

例 話を手っ取り早くすませる。／人にたのむより自分でしたほうが＿＿＿。 (225)

ふさわしい様子。ぴったりしている様子。

例 卒業式に＿＿＿服を着る。 (230)

少ない。足りない。

例 この国は資源が＿＿＿。 (226)

うらやましく、にくらしい。

例 白雪姫の美しさが＿＿＿。 (231)

おこりたくなるほどひどい。また、悲しくなるほど情けない。

例 きちんとあいさつのできる人が少なくなったのは、＿＿＿ことだ。 (227)

❶〔病気などのため〕体温がふつうより高く感じる様子。
❷感情が激しくなる様子。

例 ❶かぜをひいたのか、体が＿＿＿。
❷好きな本について熱っぽく語る。 (232)

❶気にしない様子。平気でいる様子。
❷《「何気なく」の形で》これといった目的もなく。ふと。

例 ❶＿＿＿感じをよそおう。❷何気なく外を見たら友達が歩いているのが見えた。 (228)

望ましい
のぞ

(233)

果てしない
は

(237)

はかない

(234)

腹立たしい
はら だ

(238)

歯がゆい
は

(235)

晴れがましい
は

(239)

はしこい

ひもじい

(236)

(240)

形容詞

そうあってほしい様子。

例 合唱祭は全員の参加が＿＿＿。

233

形容詞

❶長く続かない。もろくて弱い。

❷たのみにならない。

例 ❶＿＿＿命。❷＿＿＿希望。

234

形容詞

物事が思うようにならず、いらいらしたり、悔しかったりする気持ちである。

例 のろまなかめは、見ていて＿＿＿。

235

形容詞

動作がすばやい。ぬけ目がない。頭の回転がはやい。

例 明るくて＿＿＿少年。

236

形容詞

かぎりがない。終わりがない。

例 ＿＿＿水平線を船が進んでいく。

237

形容詞

おこりたい気持ちをおさえきれない感じである。

例 おやつをとられて＿＿＿。

238

形容詞

はなやかで、ほこらしい。また、はなやかすぎて、照れくさい。

例 表彰されて、＿＿＿気持ちになった。

239

形容詞

ひどく腹がへって食べ物がほしい。空腹である。

例 食べ物が足りず、＿＿＿思いをする。

240

古めかしい
ふる

見苦しい
みぐる

ギャアアァ

(241)

(245)

誇らしい
ほこ

水臭い
みずくさ

(242)

(246)

ほほえましい

はんぶんこ

みっともない

(243)

(247)

回りくどい
まわ

サイズは
ハッキリ
しないけど
おおきな
ももが
これまた
どこか
わからないけど
イライラ…

むごい

(244)

(248)

[態度・ふるまい・見た様子などが] 見ていて、いやな感じがする。

例 大げさにふるまうのは_____。 ㉔⑤

いかにも古い感じがする。

例 _____洋館。 ㉔①

親しい間柄なのに、他人のように、よそよそしい。

例 きみと僕の仲でそんな_____ことを言うな。 ㉔⑥

ほかの人にじまんしたい様子。

例 最後まであきらめずにたたかった選手たちを誇らしく思う。 ㉔②

きちんとしていない、よくない状態で、とても見ていられない様子。

例 わがままを言ってルールを守らないのは_____。 ㉔⑦

ほほえみたくなる様子。

例 おさないきょうだいの会話が_____。 ㉔③

❶目をそむけたくなるほどひどくて、見ていられない様子。
❷思いやりの心がない。

例 ❶_____事故現場。
❷ふたりを引きはなすなんて、_____しうちだ。 ㉔⑧

遠まわしでめんどうだ。よけいなことが多くてじれったい。

例 _____話を聞かされる。 ㉔④

むさ苦しい

249

目覚ましい

253

むなしい

250

めぼしい

254

目新しい

251

目まぐるしい

255

目ざとい

あった！

252

もっともらしい

256

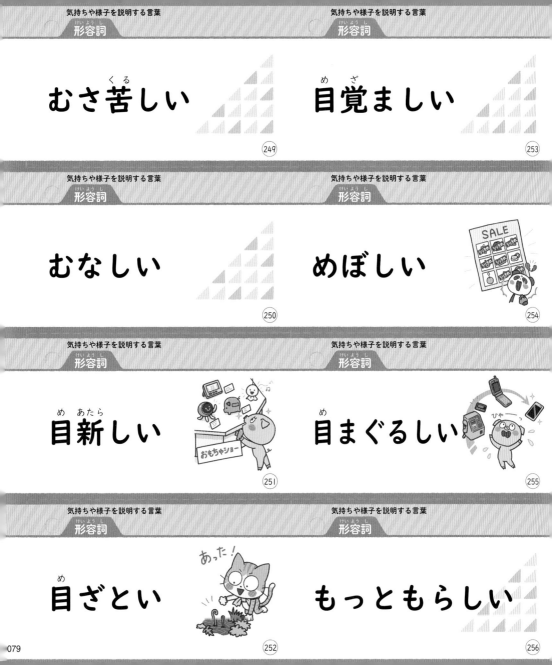

目が覚めるくらい、すばらしい。

例 _____活躍を見せる。 253

きちんとしていなくて、きたならしい。

例 _____身なり。 249

特に目立っている。おもだっている。値打ちがありそうである。

例 _____品物は、すぐに売れてしまった。 254

❶一生懸命やっても効果がない。
❷はかない。あっけない。
❸内容や価値がない様子。

例 ❶必死に説明したがわかってもらえず、_____思いだ。
❷_____人生。❸選挙に落選した私には、はげましの言葉もむなしくひびく。 250

物や様子などが次々に変わっていくので、目が回るように感じる。目が回るようにはやい。

例 科学技術は、目まぐるしく変わる。 255

今までに見たことのない新しさがある様子。

例 _____品物がたくさんならんでいる。 251

❶いかにもりくつに合っているように見える。本当らしい。
❷いかにも、もったいぶった様子である。

例 ❶_____うそをつく。
❷父は、_____顔で話し出した。 256

見つけるのがはやい。

例 目ざとくめずらしい草を見つけた。 252

気持ちや様子を説明する言葉
形容詞
（けいようし）

気持ちや様子を説明する言葉
形容詞
（けいようし）

もどかしい

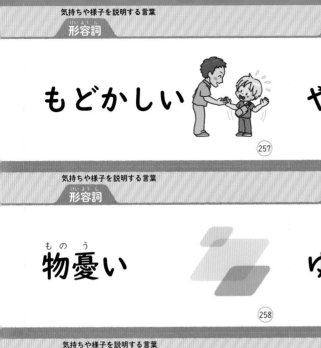

257

やるせない

261

気持ちや様子を説明する言葉
形容詞
（けいようし）

気持ちや様子を説明する言葉
形容詞
（けいようし）

物憂い
（もの・う）

258

ゆるぎない

262

気持ちや様子を説明する言葉
形容詞
（けいようし）

気持ちや様子を説明する言葉
形容詞
（けいようし）

物珍しい
（もの・めずら）

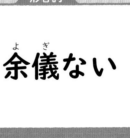

259

余儀ない
（よ・ぎ）

263

気持ちや様子を説明する言葉
形容詞
（けいようし）

気持ちや様子を説明する言葉
形容詞
（けいようし）

ややこしい

わざとらしい

あっUFO!!

260

264

つらさや悲しみを晴らす方法がなくて、苦しい。

例 僕の生まれた家をとりこわすことになり、＿＿＿。261

物事が思うようにならず、じれったい気持ちである。

例 うまく説明できなくて、＿＿＿。257

ゆれ動かない。安定している。

例 努力を続けたことが、＿＿＿自信につながっている。262

何となく気持ちがふさいで、何もする気がおこらない様子。だるくておっくうである。

例 ＿＿＿雨の日曜日。258

ほかにどうしようもない。しかたがない。

例 問題を起こして辞任を余儀なくされた。263

何となくめずらしい。また、いかにもめずらしい。

例 はじめてのおもちゃを物珍しそうに手にとってみる。259

いかにもわざとしたような様子である。不自然である。

例 花びんをこわしてしまい、わざとらしくごまかした。264

込み入っていて、わかりにくい。

例 ＿＿＿手続き。260

曖昧（あいまい）

5時間目は体育だったかな…

(265)

在（あ）り来（き）たり

(269)

あからさま

ハイ、おてつだいしてるのに…
ん？ゲームしてるのだ…

(266)

安易（あんい）

(270)

悪辣（あくらつ）

(267)

安泰（あんたい）

(271)

有（あ）り難（がた）迷惑（めいわく）

はーい、なんとおたべ〜
もう！
いながが〜
あ！さん　いながが〜　はーい

(268)

安直（あんちょく）

ぜ〜んぶもっていけば忘（わす）れ物（もの）なし！うははは

(272)

いつでもどこにでもあって、めずらしくない
様子。

例 せっかくのお祝いなので、＿＿＿＿＿ではない料理を作っ
た。／あの小説の内容は＿＿＿＿＿だ。 ⑳269

どちらとも決まらなくて、はっきりしない様
子。
対 明瞭。

例 ＿＿＿＿＿な記憶にたよる。 ⑳265

❶簡単で、易しい様子。
❷苦しみなどが少なく、気軽な様子。

例 ❶＿＿＿＿＿な方法で実行するのは危険だ。
❷その考えは、あまりにも＿＿＿＿＿だ。 ⑳270

かくさず、はっきり表す様子。

例 ＿＿＿＿＿に、いやな顔をする。 ⑳266

危険や心配がなく、無事である様子。

例 バスケットボール部の部員が六人もいるので、今度の
クラス対抗球技大会は＿＿＿＿＿だ。 ⑳271

性質がとても悪い様子。やり方がひどい様
子。

例 ＿＿＿＿＿な手段で勝負に勝った。 ⑳267

手軽である様子。また、いいかげんな様子。

例 ＿＿＿＿＿な解決方法を思いついた。 ⑳272

相手の親切が、こちらではかえってめいわく
になる様子。

例 おばあちゃんの気持ちはうれしいが、今の私には
＿＿＿＿＿だ。 ⑳268

いたいけ

273

陰険
いんけん

277

いびつ

274

うかつ

おべんとう
わすれた…！

278

異様
いよう

275

うつろ

279

陰気
いんき

276

裏腹
うらはら

ダイエットてます

280

形容動詞

見かけとはちがって、よくない考えをもっている様子。

例 あいつのやり方は＿＿＿＿だ。 277

形容動詞

おさなくて、かわいらしい様子。また、おさなく弱々しくて、かわいそうに感じられる様子。

例 ＿＿＿＿な少女。／＿＿＿＿な子ねこ。 273

形容動詞

ぼんやりしていて注意が足りない様子。うっかりする様子。

例 お弁当を忘れるとは＿＿＿＿なことをした。／真実を彼女に話したのは＿＿＿＿だった。 278

形容動詞

形がゆがんでいる様子。特に、まるいものがゆがんでいる様子。

例 はじめて作った器は＿＿＿＿な形になってしまった。 274

形容動詞

❶中身がない様子。からっぽ。
❷何も考えないでぼんやりしている様子。

例 ❶この大木は中が＿＿＿＿になっている。
　 ❷＿＿＿＿な目。 279

形容動詞

〔形や様子が〕ふつうとちがって、変である様子。

例 ＿＿＿＿な静けさにこわくなる。 275

形容動詞

〔表面からかくれた部分で〕正反対である様子。

例 言葉とは＿＿＿＿な行動。 280

形容動詞

性格や様子などが暗く、晴れ晴れしない様子。

例 暗い色の服ばかりでは＿＿＿＿に見える。 276

鋭敏
えいびん

(281)

旺盛
おうせい

(285)

婉曲
えんきょく

(282)

横柄
おうへい

(286)

円満
えんまん

(283)

鷹揚
おうよう

(287)

おあつらえ向き
む

(284)

おおっぴら

(288)

とてもさかんな様子。

例 妹は、かぜがなおって＿＿＿＿な食欲を見せた。 285

① 感じ方がするどい様子。
② 頭の働きがするどい様子。

例 ①犬の鼻は＿＿＿＿だ。 ②＿＿＿＿な頭脳。 281

えらそうにして人をばかにする様子。
類 ごうまん。 対 謙虚。

例 ＿＿＿＿な態度。 286

遠回しでおだやかな表現。

例 友達のさそいを＿＿＿＿にことわる。 282

〔細かなことを気にかけず〕ゆったりしている様子。

例 ＿＿＿＿な人柄。 287

① 人と人との仲が、うまくいっている様子。
② 〔性格が〕おだやかな様子。

例 ①＿＿＿＿な家族。 ②＿＿＿＿な人柄。 283

① 遠慮したりかくしたりせずに物事をする様子。
② 明らかになる様子。
▶ くだけた言い方。

例 ①他人を＿＿＿＿に批判する。
　 ②秘密が＿＿＿＿になる。 288

願っていたとおりで、都合のよい様子。ちょうどよい様子。
類 好都合。うってつけ。
▶ 「～の」の形でも用いる。

例 遠足には＿＿＿＿によく晴れた。 284

大まか

穏便

289

臆病

快活

290

穏健

果敢

291

温厚

過大

292

293

294

295

296

物事をあらだてず、おだやかにあつかう様子。

❶小さなことにこだわらない様子。
❷大ざっぱな様子。

例 じゃんけんで＿＿＿に決着をつける。 293

例 ❶＿＿＿な性格。 ❷＿＿＿な計画。 289

はきはきして、明るく元気な性格。

危険なことについて敏感にこわがる性格。

例 ＿＿＿な少女。 294

例 うちの犬は＿＿＿で、物音がするとすぐにかくれてしまう。 290

決断力があって、物事を思いきってする様子。

考えやおこないがおだやかで、かたよらない性格。

例 ＿＿＿に敵をせめる。 295

例 父は＿＿＿な考えの持ち主だ。 291

程度が大きすぎる様子。

やさしくておだやかな性格や態度。

例 ＿＿＿な期待をよせる。 296

例 祖父は＿＿＿な紳士でした。 292

かたくな

寡黙

(297)

(301)

確固

軽やか

(298)

(302)

活発

簡潔

(299)

(303)

過保護

閑静

091

(300)

(304)

口数が少ない様子。
類 無口。
▶ふつう、よい意味で言う。

例 祖父は＿＿＿だが、たまに話すことはとてもおもしろい。 301

自分だけの考えや態度を強くもち続け、ほかの人の言うことを受け入れることがない様子。
類 強情。がんこ。偏屈。

例 どんなに問いかけても、＿＿＿にだまりこんでいる。 297

いかにも軽そうで、気持ちよく感じられる様子。

例 Ｔシャツと短パンで＿＿＿に走る。 302

考え方や気持ちなどがしっかりしていて、ぐらつかない様子。
▶あとに「と」「たる」が付いた形で用いる。

例 父は、毎日の散歩は健康によいと＿＿＿たる信念をもっている。 298

手短でむだがなく、よくまとまっている様子。

例 ＿＿＿な表現で、読みやすい作文だ。 303

〔言葉や動作、物の動きなどが〕元気で、勢いのある様子。

例 ＿＿＿な少年。 299

静かで、ひっそりしている場所。

例 ＿＿＿な住宅地。 304

子どもなどのめんどうを、みすぎる状態。

例 ＿＿＿に育てられた子。 300

かんそ
簡素

かんよう
寛容

(305)

(309)

かんまん
緩慢

きい
奇異

(306)

(310)

かんめい
簡明

きかい
奇怪

(307)

(311)

かんよう
肝要

き
気さく

(308)

(312)

心が広く、相手の意見をよく受け入れたり、
失敗を許したりすること。

例 ＿＿＿＿な姿勢を示す。 （309）

ふつうとはちがって、変である様子。

例 あのそぶりは＿＿＿＿な感じがする。 （310）

とてもあやしく、不思議な様子。
類 怪奇。

例 ＿＿＿＿なうわさが流れる。 （311）

さっぱりしていて、親しみやすい性格。

例 誰にでも＿＿＿＿に話しかける。 （312）

簡単で、かざり気のない様子。

例 ＿＿＿＿な道具でキャンプをする。 （305）

❶動きがゆっくりしていて、のろい様子。
❷処置などが手ぬるい様子。

例 ❶＿＿＿＿な動作。
　 ❷＿＿＿＿な対応がよくなかった。 （306）

簡単で、はっきりしている様子。

例 誰でもすぐ理解できる＿＿＿＿な文章。 （307）

とても大切であること。
類 重要。

例 何事もしんぼうが＿＿＿＿だ。 （308）

気丈
（きじょう）

313

強固
（きょうこ）

317

気詰まり
（きづまり）

314

強靭
（きょうじん）

318

奇特
（きとく）

315

緊急
（きんきゅう）

319

機敏
（きびん）

316

均質
（きんしつ）

320

強くて、しっかりしている様子。
類 強硬。

例 ＿＿＿＿な意志をつらぬく。 317

心のもち方がしっかりしている性格。

例 悲しくても、＿＿＿＿にふるまう。 313

強くて、ねばりがある様子。

例 ＿＿＿＿な精神で最後まで走りぬいた。 318

まわりに遠慮して、気持ちがきゅうくつな、人との関係。

例 ふたりっきりになると＿＿＿＿で話もできない。 314

非常に差しせまっていて、急いでしなければならない様子。
類 早急。

例 ＿＿＿＿に連絡が必要となった。／＿＿＿＿事態にあわてふためく。 319

おこないや心がけがよく、感心な様子。

例 毎朝ごみ拾いをしているなんて、本当に＿＿＿＿な人だ。 315

性質や状態が同じで、むらがない様子。

例 ＿＿＿＿な水溶液。 320

動作などがすばやい様子。

例 かけ声に合わせて＿＿＿＿に行動する。 316

きんべん
勤勉

(321)

けいはく
軽薄

(325)

きんみつ
緊密

(322)

けいび
軽微

(326)

くうきょ
空虚

(323)

けたはず
桁外れ

(327)

けいけん
敬虔

(324)

けっぺき
潔癖

(328)

考えがあさく、おこないが軽々しい様子。

類 あさはか。うすっぺら。

例 ＿＿＿な言動。 325

仕事や勉強などに、一生懸命努力する性格。

対 怠慢。

例 日本人は＿＿＿な国民と言われている。 321

程度が軽く、大きな影響をあたえない様子。
わずかな様子。

類 僅少。軽少。

例 車をぶつけてしまったが、＿＿＿な損傷ですんだ。 326

ぴったりとくっついていて、すきまのない様子。また、そのように深いつながりのある様子。

類 密接。

例 両者は＿＿＿な関係にある。 322

ふつうとは、かけはなれている様子。

例 ＿＿＿に大きな作物が収穫された。 327

中身が何もない様子。内容や意味がなくてさびしい様子。

例 ＿＿＿な心。／＿＿＿な生活。 323

❶ きたないことをとてもきらう様子。
❷ 正しくないことをとてもきらう様子。

例 ❶姉は＿＿＿なところがあり、おかしを食べながら本を読むのをいやがる。
❷お金に＿＿＿な人。 328

神仏などを心からうやまい、つつしむ様子。

例 友人一家は＿＿＿なクリスチャンだ。 324

098

けなげ

ママ、だいじょうぶ？

329

厳正
げんせい

333

厳格
げんかく

330

顕著
けんちょ

5kg

334

謙虚
けんきょ

331

厳密
げんみつ

チェック チェック チェック

335

厳粛
げんしゅく

強引
ごういん

いこうよ!!

332

336

099

厳しくて正しい様子。少しのごまかしや不正も許さない様子。

例 _____な審査の結果、合格した。 333

おさなさや弱さに似合わず、心がけがよく、立派な態度。

例 おさない子が_____に母を看病する。 329

特に目立って、はっきりしている様子。

例 効果が_____にあらわれている。 334

態度や様子が、いいかげんでなく厳しい様子。
類 厳重。

例 ルールを_____に適用する。 330

細かいところまで、厳しく正確な様子。

例 _____な検査をする。 335

自分の能力・才能・知識などをじまんせず、ひかえめで、素直な性格。
類 謙遜。 対 横柄。高慢。

例 いかなるときも_____な姿勢をくずさない。 331

〔相手の都合などを考えず〕無理におこなう様子。

例 _____に友達をさそう。 336

厳しくおごそかな様子。

例 式は_____にとりおこなわれた。 332

こう えい
光栄

337

こそく

341

ごう じょう
強情

338

こまやか

342

ごう まん
傲慢

339

さ さい
些細

343

こう みょう
巧妙

340

ささやか

344

101

その場だけ間に合わせること。

▶「ひきょう」という意味で用いられることが多いが、本来の使い方ではない。

例 ＿＿＿＿な手段を使う。 (341)

非常に名誉である気持ち。

例 おほめいただいて＿＿＿＿です。 (337)

❶細かい様子。また、すみずみまで心がこもっている様子。
❷色がこい様子。

例 ❶＿＿＿＿な心づかい。 ❷緑＿＿＿＿な松。 (342)

自分の考えを、どこまでもおし通す性格。

類 がんこ。かたくな。強硬。

例 きょうだいそろって＿＿＿＿だ。 (338)

わずかな様子。

例 その程度のことは、＿＿＿＿な問題だ。 (343)

自分をえらいと思い、人を見下す態度。

類 横柄。高慢。

例 ＿＿＿＿な性格。 (339)

規模などが小さい様子。わずかな様子。

例 花を育てることは、彼女の＿＿＿＿な楽しみです。 (344)

やり方がうまい様子。

例 弟をおとりに使った＿＿＿＿な手口。 (340)

さっぷうけい
殺風景

345

しっそ
質素

349

ざんしん
斬新

346

しとやか

350

さんまん
散漫

347

しなやか

351

しきん
至近

348

じゃけん
邪険

あっちにいって

352

地味で、かざり気のない様子。

おもしろみのない様子。趣のない様子。

例 _____なくらしを心がける。 349

例 いすと机しかない_____な部屋。 345

静かで上品な態度。
▶多く、女性に対して言う。

〔思いつきなどが〕とびぬけて新しいこと。

例 和服を着て、_____に歩く。 350

例 _____なデザインのファッション。 346

❶やわらかく曲がる様子。
❷動作がなめらかで自然な様子。

集中せず、しまりがない様子。

例 ❶竹弓が、_____に曲がる。
❷マジシャンの_____な手さばき。 351

例 周囲に気をとられて、注意が_____になる。 347

思いやりがなくて、いじわるな様子。

ある地点にとても近いこと。

例 のらねこを_____にあつかう。 352

例 駅の_____に民家はない。 348

じゅうなん
柔軟

353

じんそく
迅速

357

じゅんしん
純真

354

しんみょう
神妙

358

しんがい
心外

355

すこ
健やか

359

しんこく
深刻

このままでは
イカン…

356

す　とんきょう
素っ頓狂

ヒィーーッ

360

行動などが、とてもすばやい様子。
類 敏速。敏捷。

例 問題を＿＿＿に処理する。 357

❶やわらかく、しなやかな様子。
❷そのときに応じて、物事のあつかい方を変える様子。

例 ❶＿＿＿な体。❷＿＿＿な態度でのぞむ。 353

〔ふだんに似合わず〕素直でおとなしい態度。

例 先生のお説教をみんな＿＿＿な顔で聞いていた。 358

うそやかざり気がなく、心が清らかな性格。
▶「純心」と書かないこと。

例 ＿＿＿な、おさな子。 354

健康である様子。

例 子どもたちの＿＿＿な成長を願う。 359

考えてもいないこと。また、思いもよらないことになって残念な様子。

例 そんな誤解を受けるとは＿＿＿だ。 355

突然、ひどく調子外れなことを言ったり、したりすること。

例 ＿＿＿な声を上げる。 360

❶深く思いつめること。
❷物事の成り行きが、さしせまっていて重大な様子。

例 ❶＿＿＿な顔をする。／＿＿＿ななやみ。
❷地球温暖化は＿＿＿な問題だ。 356

速やか
_{すみ}

361

絶妙
_{ぜつみょう}

365

精巧
_{せいこう}

362

繊細
_{せんさい}

366

精密
_{せいみつ}

363

鮮烈
_{せんれつ}

367

赤裸裸
_{せきらら}

364

疎遠
_{そえん}

368

07

[技術などが] とても、すぐれている。

例 _____ なコントロールの投手。　365

時間がかからず、はやい。

例 _____ に移動する。　361

①ほっそりとして美しい様子。
②心の働きが細かくするどい様子。デリケート。

例 ①少女の_____ なゆび。
　②芸術家の_____ な感覚。　366

細かいところまで、うまくつくられている様子。

例 _____ なプラモデル。　362

激しく、あざやかな様子。

例 _____ な印象を残す。　367

①細かいところまでうまくつくられていること。
②細かいところまで注意が行き届いていること。

例 ①_____ な計器。②_____ な検査。　363

長い間遠ざかっていて、親しみがうすれること。

例 引っ越してから彼とは_____ になった。　368

つつみかくしのない様子。ありのままである様子。
▶ふつう「赤裸々」と書く。

例 本心を親友に_____ にうちあけ、相談する。　364

俗
ぞく

369

尊大
そんだい

373

素朴
そぼく

370

怠惰
たいだ

374

粗野
そや

371

大胆
だいたん

375

ぞんざい

対等
たいとう

372

376

えらそうに、いばっている態度。

例 ＿＿＿な態度のさむらい。 373

品がない様子。くだけている様子。

例 ＿＿＿な人間。 369

なすべきことをしないで、だらしない態度。

例 ＿＿＿な生活を送る。 374

❶ 素直で、かざり気がない様子。
❷ 考え方が単純で、あまり進んでいない様子。

例 ❶＿＿＿な人柄。
❷子どもらしい＿＿＿な疑問。 370

勇気があって、おそれない様子。どきょうがある様子。

例 ＿＿＿な行動に打って出る。 375

言葉や態度などが、荒々しくらんぼうな様子。いやしい態度。
類 下品。

例 ＿＿＿なふるまい。 371

二つのものの間に、よいか悪いかや上下などの差がない様子。

例 ＿＿＿な立場。 376

らんぼうで、いいかげんな様子。

例 ＿＿＿な口調で話す。 372

怠慢
たいまん

⑨377

たわわ

㉛381

出し抜け
だ　　ぬ

いるの？

㉛378

淡泊
たんぱく

㉛382

達者
たっしゃ

㉛379

緻密
ちみつ

㉛383

多様
たよう

㉛380

忠実
ちゅうじつ

㉛384

〔実がたくさん付いて、その重さで〕枝が曲がっている様子。

例 かきの実が、枝も＿＿＿に実っている。 (381)

❶〔味や色などが〕あっさりしている様子。
対 濃厚。
❷〔態度や性格が〕さっぱりしている様子。

例 ❶＿＿＿な料理。❷＿＿＿な人柄。 (382)

くわしくて、たしかな様子。また、ていねいで、まちがいがない様子。

例 ＿＿＿な計画を立てる。 (383)

❶物事を正直に、まじめにおこなう様子。
類 誠実。実直。
❷少しのちがいもなく、物事をする様子。

例 ❶規則を＿＿＿に守る。
❷こまかいところまで＿＿＿に写生する。 (384)

なまけて、仕事をしなかったり、責任をはたさなかったりすること。
対 勤勉。

例 ＿＿＿な態度が批判される。 (377)

思いがけない様子。突然。

例 彼女は＿＿＿に家にやってきた。 (378)

❶体がじょうぶな様子。
❷〔技などが〕すぐれていて、上手な様子。

例 ❶＿＿＿にくらす。❷英語が＿＿＿だ。 (379)

変化にとんでいる様子。さまざま。

例 その海は＿＿＿な生物が生息している。 (380)

著名
ちょめい

適切
てきせつ

385

389

沈着
ちんちゃく

適当
てきとう

386

390

痛烈
つうれつ

手持ち無沙汰
てもちぶさた

387

391

つぶら

どう猛
もう

113

388

392

よく当たる様子。ふさわしいこと。
類 適当。

例 ＿＿＿＿な処置をとる。 389

有名であること。
類 有名。

例 母は＿＿＿＿なカメラマンです。 385

❶ 目的や条件に、ちょうどよく合う様子。
❷ 分量・程度などがほどよい様子。
❸ 物事をまじめにしない様子。
▶ ❸は、ふつう悪い意味で用いる。

例 ❶パーティーに＿＿＿＿な会場をさがす。❷＿＿＿＿な大
きさに切る。❸＿＿＿＿に答える。 390

落ち着いていて、何事にも驚かない様子。
類 冷静。

例 緊急時こそ＿＿＿＿な行動が求められる。 386

何もすることがなくて、たいくつな状態。

例 ＿＿＿＿な様子で順番を待つ。 391

とても激しくおこなわれる様子。

例 ＿＿＿＿な批判を受ける。／＿＿＿＿な打球を飛ばす。 387

とてもらんぼうで荒々しい性情。

例 この犬は小さくてかわいらしいが＿＿＿＿だ。 392

まるくてかわいらしいこと。

例 ＿＿＿＿な目。 388

どくとく　どくとく
独特・独得

ないみつ
内密

393

397

とくゆう
特有

なみたいてい
並大抵

394

398

とっぴ
突飛

にゅうねん
入念

395

399

どんよく
貪欲

にんい
任意

396

400

かくして表ざたにしないこと。
類 秘密。

例 _____ に話し合う。 (397)

はっきりとした特徴などを、そのものだけが特別にもっている様子。個性的。
類 特有。独自。

例 _____ な雰囲気の曲。 (393)

ふつうの程度である様子。
▶ あとに「ない」など打ち消しの言葉が続く。

例 子どもを育てるたいへんさは、_____ ではない。 (398)

そのものだけが特別にもっていること。
類 独特。独自。

例 納豆に_____ なにおいは、きらいな人も多い。 (394)

細かいところにまでよく気を配ること。念入り。

例 _____ にしあげた手作りの家具。 (399)

ふつうでは考えつかないほど、変わっている様子。

例 変なめがねをかけて会議に出席するなんて_____ な行動だ。 (395)

〔その人の〕思うとおりにすること。自由に決める様子。

例 会に参加する、しないは_____ だ。 (400)

とても欲が深い性格。
類 強欲。

例 _____ に知識を吸収する。 (396)

ねんご
懇ろ

(401)

は　かく
破格

(405)

のうこう
濃厚

(402)

ば　ちが
場違い

(406)

のうてん　き
能天気

(403)

ばんぜん
万全

(407)

の　ほう　ず
野放図

(404)

ひか　め
控え目

(408)

［今までの例や、しきたりなどから外れた］
ふつう以上である様子。特別である様子。

例 古民家を＿＿＿な安値で売り出す。 (405)

❶真心がこもっている様子。ていねいな様子。
❷仲がいいこと。

例 ❶＿＿＿に世話をする。 ❷＿＿＿になる。 (401)

その場所に、似合わない様子。

例 ＿＿＿な服装。 (406)

❶味や色などがこい様子。 対淡泊。
❷はっきりしてくる様子。

例 ❶＿＿＿な味わいのプリン。
❷優勝の色が＿＿＿になってきた。 (402)

完全で、手ぬかりのない様子。

例 はじめての登山に向けて、準備は＿＿＿だ。 (407)

調子がよくて、軽はずみな性格。

例 あの人はいつも＿＿＿だ。 (403)

❶遠慮がちに言ったりしたりする様子。
❷少なめにする様子。

例 ❶＿＿＿な態度。 ❷食事を＿＿＿にする。 (408)

❶することにけじめがなく、だらしない様子。勝手気ままで、ずうずうしい様子。
❷きりがなく、どこまで広がるかわからない様子。

例 ❶細かいことにこだわらない＿＿＿な性格。
❷軍事力を＿＿＿にふやすことは危険だ。 (404)

人騒がせ
ひと さわ

ひょうきん

④409

独り善がり
ひと よ

肥沃
ひ よく

④410

非凡
ひ ぼん

貧弱
ひん じゃく

④411

微妙
び みょう

敏しょう
びん

④412

④413

④414

④415

④416

119

ほがらかで、こっけいな性格。

例 弟は＿＿＿＿なことを言って、よく人を笑わせる。 413

わけもなく、人を驚かし、さわがせる様子。

例 寝ぼけて大声を出すとは、＿＿＿＿なやつだ。 409

土地がこえていて、作物がよくできる様子。

例 ＿＿＿＿な農地。 414

自分ひとりでいいと思いこみ、ほかの人の意見を聞こうとしない態度。

例 ＿＿＿＿な性格がわざわいをまねく。 410

❶〔やせていたり、みすぼらしかったりして〕
見おとりがする様子。
❷ゆたかでない様子。十分でない様子。

例 ❶＿＿＿＿な体。／＿＿＿＿な身なり。
　 ❷＿＿＿＿な知識。 415

ふつうより、特にすぐれていること。
対 平凡。

例 ＿＿＿＿な才能。 411

〔動きなどが〕すばやい様子。
類 迅速。

例 ＿＿＿＿な動きを見せる。 416

ひとことでは言い表せないほど、細かくふくざつな様子。また、どちらとも言えないほど、きわどい様子。

例 ふたりの意見は＿＿＿＿に食いちがっている。／
　 成功するかどうかは＿＿＿＿だ。 412

風流

不謹慎

417

421

不得手

不心得

418

422

不可解

ぶしつけ

419

423

不可欠

不正

121

420

424

つつしみのないこと。ふまじめなこと。

例 そんな＿＿＿＿なことを言うものではない。 (421)

① 落ち着いて上品な趣や味わいのある様子。
② 詩歌・茶道・絵画などの上品な趣味を好む様子。

例 ① 日本風の＿＿＿＿な庭。
② 花鳥風月を友とする＿＿＿＿な人。 (417)

心がけが悪い態度。

例 宿題もせず遊び回るとは、とんだ＿＿＿＿だ。 (422)

うまくできない様子。得意でない様子。
類 苦手。不得意。

例 ＿＿＿＿なことに手を出して失敗する。 (418)

礼儀作法をわきまえず、ずうずうしくふるまう様子。ぶさほう。

例 ＿＿＿＿な質問をする。 (423)

わけがわからない様子。理解できない様子。
類 不思議。不可思議。

例 あの人は＿＿＿＿な言動が多い。 (419)

正しくない様子。悪いおこないであること。
類 不当。

例 資格を＿＿＿＿に取得する。 (424)

どうしてもなくてはならないこと。
類 必要。

例 空気と水は人間が生きるために＿＿＿＿だ。 (420)

物騒
ぶっそう

不毛
ふもう

(425)

(429)

不敵
ふてき

不愉快
ふゆかい

(426)

(430)

不当
ふとう

不用意
ふようい

(427)

(431)

無難
ぶなん

分相応
ぶんそうおう

123

(428)

(432)

❶土地がやせていて、作物が育たない様子。

❷みのりのある結果を得ることができない様子。

例 ❶雑草も育たない＿＿＿＿な大地。
　 ❷＿＿＿＿な水かけ論にすぎない。　(429)

世の中がさわがしくおだやかでない様子。また、害を加えられそうで、あぶない様子。

例 夜道のひとり歩きは＿＿＿＿だ。　(425)

いやな気持ち。おもしろくない気持ち。

例 ＿＿＿＿な対応。　(430)

どきょうがあって、何事もおそれない態度。

例 ライバルが、＿＿＿＿な笑みを浮かべてこちらを見ている。　(426)

準備をしていない様子。また、うっかりしている様子。

例 ＿＿＿＿な発言はしないでほしい。　(431)

りくつに合わない様子。正当でないこと。
類 不正。不法。

例 ＿＿＿＿な要求をはねのける。　(427)

その人の能力や地位にふさわしい様子。

例 ＿＿＿＿なくらしをいとなむ。　(432)

❶特によいというわけではないが、悪くもない様子。

❷あぶなくない様子。

例 ❶＿＿＿＿なデザインの文房具。
　 ❷ここはだまっているほうが＿＿＿＿だ。　(428)

平穏（へいおん）

辺ぴ（へん）

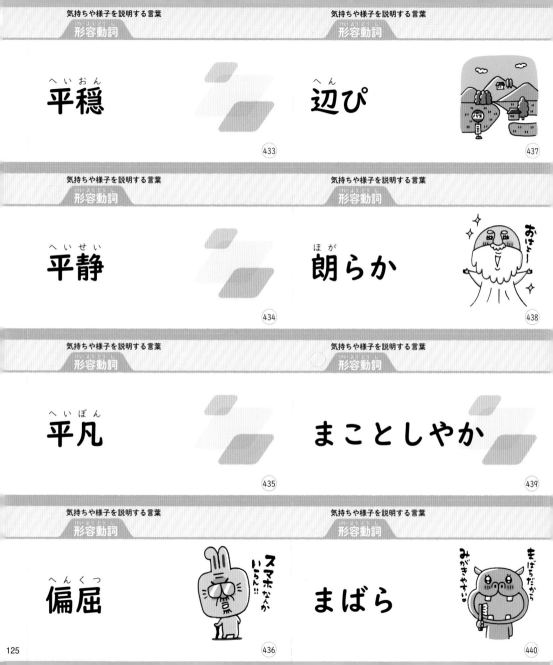

(433)

(437)

平静（へいせい）

朗らか（ほがらか）

おはよー

(434)

(438)

平凡（へいぼん）

まことしやか

(435)

(439)

偏屈（へんくつ）

スマホなんかいらん!!

まばら

まばらだからみがきやすい

(436)

(440)

形容動詞

都会からはなれていて交通の不便な様子。

例 ＿＿な土地。 (437)

形容動詞

世の中や生活が、何事もなく、おだやかな様子。
類 安穏。

例 ＿＿な生活を送る。 (433)

形容動詞

明るくて、さわやかな性格。

例 いつも＿＿な人。 (438)

形容動詞

❶おだやかで、静かなようす。
❷心が落ち着いている様子。 類 冷静。

例 ❶町が＿＿な状態にもどる。
❷＿＿な気持ちをたもつ。 (434)

形容動詞

いかにも本当らしく思わせる態度。

例 ありそうもないことを＿＿に話す。 (439)

形容動詞

ありふれている様子。特にすぐれたところもなく、ふつうであること。
対 非凡。

例 ＿＿な日常。 (435)

形容動詞

あちこちに少しずつあって、間がすいている様子。

例 乳歯がぬけて前歯が＿＿だ。／休日で人かげが＿＿な通り。 (440)

形容動詞

かたよっていて、素直でない性格。
類 がんこ。かたくな。

例 ＿＿なおじいさん。 (436)

まれ

441

無尽蔵
むじんぞう

445

未練
みれん

442

無造作
むぞうさ

446

無縁
むえん

443

無鉄砲
むてっぽう

447

無残・無惨
むざん　むざん

無頓着
むとんちゃく

444

448

いくらとってもなくならないほど、たくさんある様子。

例 地球の資源は、＿＿＿＿＿ではない。　445

めったにないこと。めずらしい様子。

例 ＿＿＿＿＿にしか人の通らない道。／そういうことも＿＿＿＿＿に起こる。　441

深く考えたり、注意をはらったりしない様子。たやすく気軽に物事をする様子。

例 たくさんのお金を、＿＿＿＿＿にポケットにねじこむ。／＿＿＿＿＿なしぐさ。　446

あきらめきれない気持ち。心が残る様子。

例 弟にあげたゲームに、＿＿＿＿＿な気持ちをひきずる。　442

結果を考えずに、むやみに物事をする性情。

例 親ゆずりの＿＿＿＿＿な性格。　447

縁がない様子。つながりがない様子。

例 お金や名声にはまったく＿＿＿＿＿な人生を送る。　443

物事を気にしない性格。
▶「むとんじゃく」とも言う。

例 身なりのことには＿＿＿＿＿な人。　448

見ていられないほど、かわいそうである様子。

例 あまりにも＿＿＿＿＿な末路。　444

めいりょう
明瞭

(449)

ゆうが
優雅

(453)

やみくも
闇雲に

(450)

ゆうがい
有害

(454)

ゆううつ
憂鬱

(451)

ゆうちょう
悠長

(455)

ゆうえき
有益

(452)

ゆうべん
雄弁

(456)

129

❶やさしくて上品な様子。
❷世間のわずらわしさからはなれて、くらしや気持ちにゆとりが感じられる様子。

例❶_____なおどり。❷_____な生活。 ⟨453⟩

はっきりしていて、よくわかること。明らかなこと。
対 曖昧。

例_____な声で答える。 ⟨449⟩

害がある様子。ためにならない様子。

例_____なガスの排出を規制する。 ⟨454⟩

何も考えず、むやみやたらに物事をおこなう様子。みさかいもなく。むやみに。やたら。

例道に迷って、_____歩き回る。 ⟨450⟩

急がずに、のんびりしている様子。

例時間がせまっているのに_____にかまえている。 ⟨455⟩

気持ちが晴れ晴れとしない様子。心がふさぐ気持ち。

例人前で話すのが苦手なので、発表が_____だ。 ⟨451⟩

❶力強く、すらすらと、上手に話す様子。
❷《「～に物語る」などの形で》事実や気持ちなどを、はっきりと表している様子。

例❶クラスの中でもっとも_____な生徒は誰ですか。
❷彼女の表情は、心の内を_____に物語っている。 ⟨456⟩

ためになる様子。役に立つこと。
類 有用。

例_____な本を読む。 ⟨452⟩

よこしま

流<ruby>りゅう</ruby>ちょう

(457)

(461)

律<ruby>り</ruby>義<ruby>ちぎ</ruby>・律<ruby>り</ruby>儀<ruby>ちぎ</ruby>

冷<ruby>れい</ruby>徹<ruby>てつ</ruby>

(458)

(462)

利<ruby>り</ruby>発<ruby>はつ</ruby>

露<ruby>ろ</ruby>骨<ruby>こつ</ruby>

(459)

(463)

理<ruby>り</ruby>不<ruby>ふ</ruby>尽<ruby>じん</ruby>

論<ruby>ろん</ruby>外<ruby>がい</ruby>

131

(460)

(464)

すらすらと流れるように言葉が出る様子。

正しくない様子。道理に外れている様子。

例 _____な英語で話す。 461

例 _____な心をいだく。／_____な考え。 457

感情に動かされず、物事をするどくとらえる性格。

まじめで義理を大切にする様子。

例 _____な目で見すえる。 462

例 彼は、_____に毎日同じ時間に配達に来る。 458

ありのままで、少しもかくさない様子。むきだし。
類 あけすけ。

かしこい様子。
類 賢明。

例 感情を_____にあらわす。 463

例 _____な子ども。 459

話し合うだけの値打ちのないことがはっきりしていること。

物事の筋が通らない様子。また、無理をおし通そうとする様子。

例 自転車に乗れないのにバイクの運転なんて_____だ。 464

例 _____なことを言う。 460

132

<ruby>青<rt>あお</rt></ruby><ruby>青<rt>あお</rt></ruby>

465

いそいそ

469

<ruby>赤<rt>あか</rt></ruby><ruby>赤<rt>あか</rt></ruby>

466

いまいましい

470

<ruby>明<rt>あか</rt></ruby><ruby>明<rt>あか</rt></ruby>

467

<ruby>初<rt>うい</rt></ruby><ruby>初<rt>うい</rt></ruby>しい

471

ありあり

うかうか

468

472

うれしそうに物事をする様子。

例 ＿＿＿＿と出かけていく。　　　469

一面に青いありさま。また、緑である様子。
▶ふつう「青々」と書く。

例 ＿＿＿＿とした麦畑。　　　465

くやしくて、はらが立つ気持ち。

例 ＿＿＿＿思いをする欲張りじいさん。　　　470

あざやかに赤い様子。
▶ふつう「赤々」と書く。

例 炎が＿＿＿＿ともえる。　　　466

年が若くて、世の中のことによくなれていない。
▶ふつう「初々しい」と書く。

例 ＿＿＿＿花よめ。　　　471

明かりや月の光などが、とても明るい様子。
▶ふつう「明々」と書く。

例 電灯が＿＿＿＿ともる。　　　467

❶不注意で、ぼんやりしている様子。
❷はっきりした目的もなく、のんびりしている様子。

例 ❶＿＿＿＿していて、敵のわなにはまってしまった。
　 ❷＿＿＿＿と日々をすごす。　　　472

❶〔本当に見えたり聞こえたりするように〕
　 はっきりと心にうかぶ様子。
❷気持ちなどが、はっきりとわかる様子。

例 ❶前に住んでいた家のことを＿＿＿＿と思い出す。
　 ❷喜んでいるのが＿＿＿＿とわかる。　　　468

薄薄
うすうす

473

延延と
えんえん

477

うずうず

474

炎炎と
えんえん

478

うようよ

475

追い追い
お　　お

479

営営
えいえい

476

おずおず

480

物事が長く続く様子。
▶ふつう「延々と」と書く。

例 会議は＿＿＿続いた。 (477)

はっきりとではないが、少しわかっている感じ方。
▶ふつう「薄々」と書く。

例 誰かがプレゼントをおいていったことは、＿＿＿気づいていた。 (473)

火が勢いよくもえ上がる様子。
▶ふつう「炎々と」と書く。

例 たいまつが＿＿＿もえさかる。 (478)

したいことがあって、心が落ち着かない気分。
類 むずむず。

例 早く海へ行きたくて＿＿＿している。 (474)

〔順をおって〕だんだんに。しだいに。

例 くわしい事情を＿＿＿話して聞かせる。 (479)

〔小さな生き物や、つまらない人間などが〕たくさん集まって動いている様子。

例 金魚が＿＿＿集まってくる。／ひまな連中が＿＿＿している。 (475)

〔自信がなく〕こわがりながら物事をする態度。

例 ＿＿＿と話しかける。 (480)

一つのことに、一生懸命にはげむ様子。
▶ふつう「営々」と書く。

例 ＿＿＿として働く。 (476)

136

おちおち

481

折折
<ruby>折<rt>お</rt></ruby><ruby>折<rt>り</rt></ruby>おり

485

おどおど

482

おろおろ

パンダさん
どこ…?!

486

おめおめ

483

返す返す
かえがえ

487

思い思い
おもおも

484

数数
かずかず

488

137

ときどき。ときおり。
▶ふつう、「折々（おりおり）」と書く。

例 ＿＿＿＿見かける（み）子（こ）。 485

安心（あんしん）して。落ち着（おちつ）いて。
▶あとに打ち消し（うけ）の言葉（ことば）が続く（つづ）。

例 心配（しんぱい）で、夜（よる）も＿＿＿＿ねむれない。 481

驚き（おどろ）や悲しみ（かな）のため、どうしたらよいかわからず、こまる態度（たいど）。

例 友達（ともだち）とはぐれて、＿＿＿＿とするばかりで
あった。 486

こわがったり、自信（じしん）がなかったりして、落ち着かない（おちつ）気持ち（きも）。

例 しかられるのではないかと、＿＿＿＿している。 482

❶ 何度（なんど）も繰り返して（くかえ）しまう様子（ようす）。
❷ 終わった（お）ことを何度（なんど）も考えて（かんが）、悔しい（くや）と
思う（おも）様子（ようす）。どう考えて（かんが）も。

例 ❶＿＿＿＿言う（い）。
❷一点差（いってんさ）で負けた（ま）のは、＿＿＿＿も残念（ざんねん）だ。 487

恥ずかしい（は）とも思わ（おも）ないで、平気（へいき）でいる様子（ようす）。

例 このまま＿＿＿＿ともどるわけにはいかない。 483

数（かず）や種類（しゅるい）が多い（おお）こと。
▶ふつう「数々（かずかず）」と書く。

例 愛犬（あいけん）とは＿＿＿＿の思い出（おもで）がある。 488

めいめいが自分（じぶん）の思った（おも）とおりにする様子（ようす）。
てんでに。

例 ハロウィンに＿＿＿＿の仮装（かそう）をした。 484

軽軽

489

仰仰しい

493

代わる代わる

490

切れ切れ

494

ぎすぎす

491

くさくさ

495

きびきび

492

くどくど

496

［身なり、ものの言い方、動作などが］大げさである。
▶ふつう「仰々しい」と書く。

例 _____出迎えをされて、少し恥ずかしい。 493

いかにも軽そうに。
▶ふつう「軽々」と書く。

例 _____と持ち上げる。 489

いくつにも小さくなってはなれている様子。切れたりつながったりしている様子。

例 記憶が_____になっている。 494

同じことをふたり以上の人が入れかわりながらする様子。かわりばんこに。

例 _____話す。 490

気持ちが晴れず、いらいらする気分。

例 悪いことばかり続いて、気が_____する。 495

❶ とてもやせている様子。
❷ 雰囲気がとげとげしく、親しみにくい態度。

例 ❶_____した体つき。❷_____した雰囲気。 491

同じことを繰り返して言う様子。しつこく言うこと。

例 _____と言い訳をする。 496

［動作・言葉などが］すばやく、はっきりしている態度。
類 てきぱき。はきはき。

例 言葉も動きも_____としている。 492

くよくよ

懇懇（こんこん）と

497

501

神神（こうごう）しい

さばさば

498

502

滾滾（こんこん）と

さめざめ

499

503

昏昏（こんこん）と

しおしお

500

504

心をこめて、ていねいに繰り返し言う様子。

▶ふつう「親々と」と書く。

例 いたずらをして、先生から＿＿＿＿さとされた。 501

〔小さなことを〕いつまでも考え、心配する気持ち。

例 せりふをまちがえたことを＿＿＿＿と悩んでいる。 497

❶気分がすっきりする様子。
❷性格がさっぱりしている様子。

例 ❶言いたいことを言って、＿＿＿＿した様子だった。
❷陽気で＿＿＿＿した人。 502

〔神がやどっているような〕とうとく、おごそかな様子。

▶ふつう「神々しい」と書く。

例 まっ白な山が神々しく見える。 498

ずっと、涙を流して泣くこと。

例 下を向いて＿＿＿＿と泣いた。 503

水などがさかんにわき出る様子。

▶ふつう「滾々と」と書く。

例 谷間に、しみずが＿＿＿＿わき出ていた。 499

がっかりして元気のない態度。

例 入場をことわられて、＿＿＿＿と引き返す。 504

意識を失っている様子。また、深くねむっている様子。

▶ふつう「昏々と」と書く。

例 ＿＿＿＿ねむり続ける。 500

142

しげしげ

505

じりじり

509

しぶしぶ
渋渋

506

しんしん
津津と

510

じゅうじゅう
重重

507

しんしん
深深と

511

しらじら
白白しい

508

ずけずけ

512

143

❶少しずつ進んでいく様子。❷太陽が強く照りつける様子。❸しだいに心がいらだってくる様子。

例❶へびがえものに＿＿＿＿と近づく。❷真夏の太陽が＿＿＿＿と照りつける。❸いくら待っても友達が来なくて、＿＿＿＿した。 509

❶何回も続く様子。
❷じっくりと見る様子。

例❶祖母の家を＿＿＿＿と訪問する。❷かがみで自分の顔を＿＿＿＿眺める。 505

〔ある気持ちが〕あふれ出てつきない様子。
▶ふつう「津々と」と書く。

例 悲しみが＿＿＿＿わく。 510

いやいやながらしたがう。
▶ふつう「渋々」と書く。

例 暑い中、＿＿＿＿出かけていく。 506

❶静かに夜がふけていく様子。❷寒さが身にしみる様子。❸静かに雪がふる様子。
▶ふつう「深々と」と書く。

例❶夜が＿＿＿＿ふけていく。❷＿＿＿＿冷えこんだ夜。❸雪が＿＿＿＿ふる。 511

重ね重ね。よくよく。
▶ふつう「重々」と書く。

例 それは、＿＿＿＿承知しています。 507

〔言いにくいようなことを〕思ったまま、遠慮なく言う態度。
熟 ずばずば。

例 友達の短所を＿＿＿＿と言う。 512

❶知っているくせに、知らないふりをする態度。❷はっきりそうだとわかる様子。また、うそだとわかっているのに平気でいる様子。
▶ふつう「白々しい」と書く。

例❶＿＿＿＿態度。❷＿＿＿＿うそをつく。 508

すごすご

513

絶え絶え

517

せかせか

514

たけだけしい

518

空空しい
そらぞら

515

淡淡と
たんたん

519

そわそわ

516

近近
ちかぢか

520

❶今にも絶えてしまいそうな様子。
❷とぎれとぎれに、やっと続いている様子。

例 ❶歩きつかれて、息も＿＿＿＿だ。
　 ❷すすりなく声が＿＿＿＿に聞こえる。　517

思うとおりにならず、元気なく、その場をはなれる態度。

例 くじ引きに外れて＿＿＿＿と引き下がる。　513

❶とてもいさましく、荒々しい。
❷ずうずうしい。

例 ❶ライオンの＿＿＿＿うなり声。
　 ❷ぬすっと＿＿＿＿。（＝どろぼうが、つかまっても平気でいる様子）　518

いそがしそうにして、落ち着かないこと。
類 あくせく。

例 ＿＿＿＿と歩き回る。　514

物事にこだわらない様子。また、あっさりしている様子。
▶ふつう「淡々と」と書く。

例 自分のおいたちを＿＿＿＿語る。　519

知っていてわざと知らないふりをする様子。
わざとらしい様子。
▶ふつう「空々しい」と書く。

例 ＿＿＿＿うそ。　515

近いうちに。
▶ふつう「近々」と書く。

例 ＿＿＿＿発表される。　520

気持ちや態度が落ち着かないさま。

例 誕生会のことを考えて＿＿＿＿している。　516

146

散<ruby>ち</ruby>り散<ruby>ぢ</ruby>り

521

とつとつと

525

毒<ruby>どく</ruby>毒<ruby>どく</ruby>しい

522

どんどん

526

得<ruby>とく</ruby>得<ruby>とく</ruby>と

523

内<ruby>ない</ruby>内<ruby>ない</ruby>

527

とげとげしい

524

なみなみ

528

147

とぎれとぎれに言葉を言う様子。ぎこちない話し方。

例 ＿＿＿、思い出を語る。 525

集まっていたものが、はなればなれになっている様子。

例 鳥の群れは、＿＿＿になって飛び去った。 521

❶かたいものを強くたたく音を表す。❷たいこ・花火・大砲などが続けて鳴る音を表す。❸物事がすばやく進む様子。また、さかんにそうなる様子。

例 ❶戸を＿＿＿たたく。❷たいこを＿＿＿鳴らす。
❸仕事が＿＿＿かたづく。 526

❶いかにも毒がありそうな様子。❷いかにもにくしみをふくんでいる様子。❸〔色などが〕こすぎて、いやな感じを受ける様子。
▶ふつう「毒々しい」と書く。

例 ❶＿＿＿きのこ。❷＿＿＿言葉。
❸＿＿＿色の服。 522

心の中で。ひそかに。
▶ふつう「内々」と書く。

例 合格したかどうか＿＿＿心配していた。 527

得意になっている様子。
▶ふつう「得々と」と書く。

例 自分の手柄話を＿＿＿しゃべっている。 523

水などが、こぼれそうなほどいっぱいである様子。

例 ジュースをコップに＿＿＿とつぐ。 528

話しぶりや動作にやさしさやゆとりがなく、とげでさすような意地悪な感じの態度。

例 ＿＿＿声で注意する。 524

148

苦苦しい
にがにが

529

のこのこ

533

憎憎しい
にくにく

530

のびのび

534

ぬけぬけ

531

はかばかしい

535

ねちねち

149

532

ひたひた

536

出てこないほうがよい場所に、平気で出てくる態度。

例 三十分もおくれて、＿＿＿＿やってきた。 533

とてもいやな気持ちである。とてもふゆかいである。
▶ふつう「苦々しい」と書く。

例 さわいでいる若者を苦々しく思う。 529

おさえつけるものがなく、ゆったりと感じられる様子。

例 ＿＿＿＿と育った子ども。 534

とてもにくらしい。
▶ふつう「憎々しい」と書く。

例 ＿＿＿＿態度。 530

物事が望みどおりの方向に向かっている様子。どんどんよいほうに進む様子。
▶多くあとに打ち消しの言葉が続く。

例 交渉相手から＿＿＿＿答えがえられない。／
天気が悪く、工事の進行がはかばかしくない。 535

ずうずうしい態度。あつかましい様子。

例 ＿＿＿＿と答えた。 531

❶波が静かに、くり返し打ちよせる様子。
❷静かにだんだんと近づいてくる様子。 ❸中の物がやっとかくれるくらいに水が入っている様子。

例 ❶波が＿＿＿＿と寄せる。 ❷足音が＿＿＿＿と近づいてくる。 ❸なべに＿＿＿＿の水を入れる。 536

❶くどくて、しつこい様子。
❷ねばねばしている様子。

例 ❶＿＿＿＿といやみを言う。／＿＿＿＿した話し方。
❷あぶらで手が＿＿＿＿する。 532

ふつふつ

(537)

まごまご

(541)

ふてぶてしい

(538)

まじまじ

(542)

ほくほく

(539)

まめまめしい

(543)

ぼちぼち

みすみす

151

(540)

(544)

どうしてよいかわからず、こまり、迷う様子。

例 何から始めればよいかわからず、＿＿＿＿した。 (541)

❶湯などがわき立つ様子。
❷気持ちが自然に込み上げてくる様子。

例 ❶なべが＿＿＿＿と音をたてる。
❷＿＿＿＿とわく喜び。 (537)

[驚いたり、不思議に思ったりして]じっと見つめる様子。

例 ボウルの中身を＿＿＿＿と見る。 (542)

[にくらしく思うくらい]遠慮なくふるまう様子。

例 反省していないような、＿＿＿＿態度。 (538)

まじめで、よく働く様子。

例 まめまめしく働く。 (543)

❶すっかり満足した気持ち。❷焼いたりふかしたりした、いも・くりなどが、口当たりがよくなって、おいしそうな様子。

例 ❶うまくいったと＿＿＿＿している。
❷あまくて、＿＿＿＿した焼きいも。 (539)

よくない結果になることを知っていながら、どうにもできない様子。また、そのために、よくない結果になる様子。

例 チャンスを＿＿＿＿のがす。 (544)

ゆっくりと物事にとりかかる様子。また、物事が少しずつ進む様子。

例 ＿＿＿＿出かけようか。／＿＿＿＿昼だ。／さくらの花が＿＿＿＿さき始めた。 (540)

脈脈と
みゃくみゃく

545

物物しい
ものもの

549

めきめき

546

夜な夜な
よ　　よ

550

綿綿と
めんめん

547

朗朗と
ろうろう

551

黙黙と
もくもく

548

若若しい
わかわか

552

153

繰り返し言葉

❶どっしりとしていて重々しく、立派である様子。❷厳しい。❸おおげさである。
▶ふつう「物々しい」と書く。

例 ❶＿＿＿＿古い建物。❷＿＿＿＿警備。❸＿＿＿＿登山姿。　549

繰り返し言葉

物事が、たえることなく力強く続く様子。
▶ふつう「脈々と」と書く。

例 建国の精神が今も＿＿＿＿息づいている。　545

繰り返し言葉

夜ごと。毎晩。

例 この部屋には＿＿＿＿ゆうれいが出るといううわさだ。　550

繰り返し言葉

はっきりわかるほど大きくなったり、上手になったりする様子。

例 毎日欠かさず練習するので、＿＿＿＿上達している。　546

繰り返し言葉

声が大きくはっきりしている態度。
▶ふつう「朗々と」と書く。

例 長い詩を＿＿＿＿読み上げた。　551

繰り返し言葉

とぎれずに長く続く様子。
▶ふつう「綿々と」と書く。

例 つらい気持ちを＿＿＿＿うったえる。　547

繰り返し言葉

〔元気があふれていて〕いかにも若く見える。いきいきとしている。
▶ふつう「若々しい」と書く。

例 祖母の声は、いつまでも＿＿＿＿。　552

繰り返し言葉

だまっている様子。また、だまって一生懸命に、物事をする態度。
▶ふつう「黙々と」と書く。

例 ＿＿＿＿漢字の勉強をする。　548

い がい せい
意外性

553

いっぱんてき
一般的

557

い しき てき
意識的

554

いっぽうてき
一方的

558

いったい か
一体化

555

い わ かん
違和感

559

いっぱん か
一般化

いんしょうてき
印象的

556

560

広く、全体にわたる様子。特別でなく、ふつうに当たり前であること。

例 _____な考え方。 ⑤⑤⑦

意外に思われる性質であること。思っていたこととちがって、驚くような性質であること。

例 _____のある商品が人気だ。 ⑤⑤③

一方にだけかたよる様子。

例 試合は_____になってきた。 ⑤⑤⑧

こうしようとはっきり考えてすること。
類 わざと。

例 _____に顔をそむける。 ⑤⑤④

まわりとなじんでいなくて、落ち着かない感じ。

例 メンバー構成に_____がある。 ⑤⑤⑨

二つ以上のものが一つにまとまること。また、一つにまとめること。

例 自然の景色と_____した庭園。／書店とカフェが_____したお店。 ⑤⑤⑤

深く心に残って、忘れられない様子。
類 印象深い。

例 大きな目が_____な顔立ち。 ⑤⑥⑩

広く全体に行きわたること。また、そのようにすること。

例 スマートフォンが_____する。 ⑤⑤⑥

かいほうてき
開放的

561

かつどうてき
活動的

565

かくいつてき
画一的

562

かんかくてき
感覚的

566

かくしんてき
革新的

563

かんじゅせい
感受性

567

かちかん
価値観

564

かんせつてき
間接的

568

❶積極的に行動し、活発に働く様子。
❷動きやすい様子。

例 ❶＿＿＿な生徒たち。❷＿＿＿な服装。 (565)

かくしたりしないで、ありのままを見せる様子。自由な雰囲気がある様子。
類 開けっ広げ。 対 閉鎖的。

例 ＿＿＿な性格。／＿＿＿な家庭に育った。 (561)

頭で考えるのではなく、心で物事を感じとるやり方。

例 りくつではなく＿＿＿に理解する。 (566)

どれもこれも同じで、統一されてちがいがない様子。

例 ＿＿＿な意見ばかりだ。 (562)

物事から受ける感じを、感じとる心の働き。
類 感性。

例 ＿＿＿が豊かだ。 (567)

今までの制度やしくみをすっかりあらためて、新しくしていくやり方。
類 進歩的。 対 保守的。

例 ＿＿＿な技術を用いた、新時代の交通システム。 (563)

じかではなく、間にほかのものがあって関係する様子。

例 ＿＿＿に知っている人。 (568)

何が値打ちをもっているかもっていないかについての考え方。物事の値打ちを決めるときの見方。

例 彼とは＿＿＿がちがう。 (564)

158

き かい か
機械化

(569)

きょえいしん
虚栄心

(573)

き かい てき
機械的

(570)

きょ む かん
虚無感

(574)

ぎ じん か
擬人化

(571)

きょ り かん
距離感

(575)

きゃっかんてき
客観的

(572)

きんちょうかん
緊張感

(576)

うわべをかざって、自分をよく見せようとする気持ち。

例 彼女は＿＿＿が強い。 (573)

人や動物の力の代わりに、機械の力を使って仕事をするようにすること。

例 農業のいろいろな作業が＿＿＿された。 (569)

世の中の物事すべてが価値や意味がなく、むなしいと思われる感じ。

例 ＿＿＿にとらわれる。 (574)

❶〔機械が動くように〕自分の考えを入れず、決まったとおりにする様子。
❷〔機械のように〕同じ動きを繰り返す様子。

例 ❶＿＿＿に覚える。❷＿＿＿な仕事。 (570)

あるものまで、どのくらいちがっているか、はなれているかという感覚。

例 目標までの＿＿＿がつかめない。／初対面の人と、適度な＿＿＿をたもつ。 (575)

人以外のものを、人にたとえて言い表すこと。

例 森の木や動物たちを＿＿＿した童話。 (571)

❶気持ちが張り詰める感じ。
❷争いがおこりそうな感じ。

例 ❶本番が近づくと、＿＿＿で足がふるえる。
❷ライバル校どうしの間で＿＿＿が高まる。 (576)

自分の考えにとらわれずに、物事をありのままに見たり考えたりする様子。
対 主観的。

例 現実を＿＿＿にとらえる。 (572)

具体化

(577)

具体的

(578)

計画的

(579)

経済的

(580)

決定的

(581)

現実的

(582)

原始的

(583)

建設的

(584)

それ以上変わることのないほど、物事の成り行きがはっきりとしている様子。

例 前半で勝利が_____になった。 581

〔計画などを〕実際のおこないにうつすようにすること。

例 学校を建てる計画が_____する。 577

現実に合っている様子。また、今の利益だけにかたむく様子。

例 彼の提案のほうが_____だ。 582

そのものの様子や形が、すぐに思いうかぶほど、はっきりしている様子。
対 抽象的。

例 _____でていねいな説明。 578

自然のままで、文化が十分に発達していないような様子。

例 _____な生活をいとなむ。 583

前もって計画を立ててあるやり方。

例 _____に行動する。 579

物事を進んでよくしていこうとする様子。

例 _____な意見を述べる。 584

❶経済に関係のある様子。
❷むだがはぶけて、費用・時間などが少なくてすむ様子。

例 ❶日本は_____には豊かだ。／_____な事情がある。
❷一度にまとめて買ったほうが_____だ。 580

162

げんそうてき
幻想的

585

こうあつてき
高圧的

586

こうていてき
肯定的

587

こうてんてき
後天的

588

こうりつてき
効率的

589

ごうりてき
合理的

590

こくさいか
国際化

591

こくさいてき
国際的

592

仕事にかかる時間や労力が少なくてすむこと。仕事がうまくはかどること。

類 能率的。

例 ＿＿＿な仕事のやり方。 589

実際にはありそうもない、夢や空想の世界にいるような様子。夢のように美しい様子。

例 朝もやのなかに現れた富士山の＿＿＿な風景。 585

正しいりくつや道理に合っている様子。

例 ＿＿＿な考えの持ち主。 590

〔相手の気持ちを考えないで〕頭からおさえつける様子。

例 ＿＿＿な口調で話す。 586

物事が、一つの国内だけでなく多くの国が関わる大きさやなかみになること。

例 和食が＿＿＿する。 591

そのとおりであると認める内容をもっている様子。

対 否定的。

例 ＿＿＿な意見が多い。 587

広く世界のほかの国々と関わりのある様子。

例 彼は、＿＿＿に活躍している。 592

能力や性質が、生まれつきでなく、のちになってその人にそなわったこと。

対 先天的。

例 ＿＿＿に身に付いた性質。 588

こんぽんてき
根本的

じしゅせい
自主性

593

597

ざいあくかん
罪悪感

どうしよう…

じしゅてき
自主的

ドリルを毎日
1ページやるぞ！

594

598

さくいてき
作為的

どうも
ふしぜんだな…

じっしつてき
実質的

ラジャー！

595

599

しけんてき
試験的

じつようてき
実用的

165

596

600

自分のことは自分で決めてやっていこうという気持ちや態度。

例 _____をもって行動する。　⑤97

物事を基礎からささえるもとになっていること。

例 クラブ活動のあり方を_____に見直す。　⑤93

人にたよらず、自分で進んでする様子。

例 _____に毎日勉強の時間を設ける。　⑤98

悪いことをしてしまったという意識。

例 _____のため、夜もねむれない。　⑤94

形や見かけよりも、実際の内容を重くみる様子。また、内容のある様子。

例 ああ見えて、_____には彼がリーダーだ。　⑤99

わざと手を加えた様子。

例 この足あとには_____なものを感じる。　⑤95

実際に役立つ様子。

例 見た目のいいものより_____なものがいい。　⑥00

あることを調べるために、ためしにやってみる様子。

例 新商品を_____に販売する。　⑤96

じどうてき
自動的

(601)

しゃこうてき
社交的

(605)

じはつてき
自発的

(602)

しゅかんてき
主観的

(606)

しゃかいせい
社会性

(603)

しゅたいてき
主体的

(607)

しゃかいてき
社会的

(604)

じゅどうてき
受動的

(608)

167

積極的に人々とつきあおうとする態度。人とのつきあいが上手な様子。

例 兄は＿＿＿＿な性格で、いつもたくさんの友達にかこまれている。 (605)

自分の力で動く様子。また、ひとりでにそうなる様子。

例 とびらが＿＿＿＿にひらく。 (601)

自分だけの感じや考え方にかたよる様子。
対 客観的。

例 好き、きらいは＿＿＿＿なものです。 (606)

自分から進んでする様子。

例 ＿＿＿＿に町をきれいにする運動を始めた。 (602)

しっかりした自分の考えをもって、進んで働きかけ、行動する様子。

例 ＿＿＿＿にボランティア活動をするべきだ。 (607)

❶まわりの人と集団生活をうまくやっていく能力。
❷社会のさまざまな問題と関わりのある性質。

例 ❶＿＿＿＿のとぼしい人。 ❷＿＿＿＿のあるドラマ。 (603)

〔自分から進んでやるのではなく〕ほかから働きかけられて物事をする様子。
類 消極的。 対 能動的。

例 弟は＿＿＿＿な性格で、指示されるまで動かない。 (608)

社会に広く関わりがある様子。

例 地球温暖化に対する＿＿＿＿な取り組み。 (604)

象徴的
しょうちょうてき

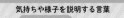

親和性
しんわせい

しっくり…

609

613

人為的
じんいてき

正義感
せいぎかん

610

614

親近感
しんきんかん

にてるね〜
アライグマ　たぬき

精神的
せいしんてき

611

615

進歩的
しんぽてき

生理的
せいりてき

ゴメンね…！

169

612

616

物事を組み合わせたときのなじみやすさ。

例 日本の建物と＿＿＿の高い植物。 ⑬

形のないものを、形のある別のものがよく表しra。ている様子。

例 姫路城は、安土桃山文化の＿＿＿な建物である。⑨

人のおこなうべき正しいことを重んじる気持ち。

例 ＿＿＿が強い。 ⑭

自然のままではなく、人間の力によっておこなわれること。

例 ＿＿＿に波を起こす。 ⑩

心の働きに関係している様子。
対 物質的。

例 ＿＿＿なショックから立ちなおる。 ⑮

親しみやすく、近づきやすい感じ。

例 ＿＿＿をいだく。 ⑪

❶体のしくみや働きに関する様子。
❷〔りくつからではなく〕生まれつきの心の働きから、そのように感じる様子。

例 ❶＿＿＿食塩水。
❷毛虫は＿＿＿に好きになれない。 ⑯

考え方などがふつうの人より進んでいて、新しい様子。
類 革新的。 対 保守的。

例 ＿＿＿な考え方の人。 ⑫

170

世界観
せかいかん

617

先入観
せんにゅうかん

621

責任感
せきにんかん

618

相対的
そうたいてき

622

絶対的
ぜったいてき

619

疎外感
そがいかん

623

先天的
せんてんてき

620

組織的
そしきてき

624

実際に見たり聞いたりする前に、あらかじめ
形づくられた考え。

例 _____にとらわれるな。　　　　　　　(621)

❶世界や人生についての見方や考え方。
❷人物や芸術作品などによって表現される
　独特の主張や感覚。

例 ❶国や地域によって_____が異なる。
　 ❷原作の_____をうまく再現したアニメ。　(617)

物事が、ほかの物事と比べることによってな
りたつ様子。
対 絶対的。

例 _____に言えば、こちらの作品のほうがすぐれて
　 いる。　　　　　　　　　　　　　　　(622)

責任をはたそうとする心。

例 _____の強い人。　　　　　　　　　　(618)

自分がのけものになっている感じ。

例 僕以外のメンバーがみんな同じクラスだったので、少
　 し_____をいだいた。　　　　　　　　(623)

ただ一つしかなく、ほかに比べるものがない
様子。どんなものにも比べられないものであ
ること。
対 相対的。

例 _____な神の力。　　　　　　　　　　(619)

〔ある目的のために〕ある順序や決まりなど
に、その成員がよくしたがっている様子。

例 _____に清掃活動に取り組む。　　　　(624)

生まれながらもっている様子。生まれながら
の。
対 後天的。

例 あのリズム感は_____なものだ。　　　(620)

たいしょうてき
対照的

(625)

たようか
多様化

(629)

だいひょうてき
代表的

(626)

ちせいてき
知性的

(630)

ださんてき
打算的

(627)

ちゅうしょうか
抽象化

(631)

たっせいかん
達成感

(628)

ちゅうしょうてき
抽象的

(632)

物事のやり方や種類が様々に変わって増える
こと。

例 食生活の_____。 (629)

二つのものの性質のちがいがはっきりして、
目立つ様子。

例 きょうだいなのに、体格も性質も_____だ。 (625)

物事を正しくとらえたり考えたりする様子。

例 _____な顔だち。 (630)

あるものを代表すること。全体を一つのもの
がよく表している様子。

例 日本の_____な科学者。 (626)

いくつかの物事に共通する性質をぬき出し
て、ある一つの考えをつくり上げること。

例 アジアのイメージを_____したデザインのポス
ター。 (631)

〔いつも〕損得を考えて物事をする様子。

例 会長にごまをするなんて、_____な人だ。 (627)

頭の中だけで考えていて、様子や内容がはっ
きりしない様子。
対 具体的。

例 _____で、わかりにくいアドバイス。 (632)

物事をやりとげたことによる、満たされた気
持ち。

例 困難な工事を終えて、みんな_____にあふれた顔をし
ていた。 (628)

174

てっていてき
徹底的

(633)

どくそうてき
独創的

(637)

てんけいてき
典型的

(634)

ないこうてき
内向的

(638)

でんとうてき
伝統的

(635)

にちじょうてき
日常的

(639)

どうさつりょく
洞察力

(636)

にんげんてき
人間的

(640)

［人のまねをしないで］自分の考えだけで新しいものをつくりだす力がある様子。また、その力によってつくられている様子。

例 常識にとらわれない＿＿＿な絵。　(637)

人前に進んで出ていかず、とじこもってひとりで考えたりなやんだりしている様子。

例 私は＿＿＿な性格だ。　(638)

ふだんから、よくある様子。

例 ＿＿＿におこなわれている習慣。　(639)

人間としてのあたたかい気持や性質がある様子。人間らしさがある様子。

例 ゆとりのある、＿＿＿な生き方をする。　(640)

十分に行き届いている様子。どこまでもやりぬく様子。

例 事故の原因を＿＿＿に調査する。　(633)

あるものの特徴を、もっともよく表している様子。

例 ＿＿＿な言い訳をする。　(634)

昔から伝えられてきた習慣や考えなどがある様子。歴史の中で、同じように続けられて長いこと。

例 この学校は＿＿＿に野球が強い。　(635)

物事の奥底まで見ぬく力。

例 母はするどい＿＿＿で、僕がかくれておかしを食べていたのを見ぬいた。　(636)

のうどうてき
能動的

(641)

ひかくてき
比較的

(645)

はいたてき
排他的

(642)

ひていてき
否定的

(646)

ばくはつてき
爆発的

(643)

ひはんてき
批判的

(647)

はんしゃてき
反射的

(644)

ひやくてき
飛躍的

(648)

〔ほかと比べて〕わりあいに。思ったよりも。

例 ＿＿＿易しい問題。 (645)

自分のほうから働きかける様子。
類積極的。 対受動的。

例 何事にも＿＿＿に取り組む。 (641)

そうではないと打ち消す様子。認めようとしない様子。
対肯定的。

例 海外進出することに＿＿＿な意見が多い。 (646)

自分や仲間のほかは遠ざけて、受け入れようとしない様子。

例 古くからの慣習にとらわれた＿＿＿な地域。 (642)

物事のよい悪いを考えて、意見を言う様子。よくない点に対して賛成しない様子。

例 ＿＿＿な態度で意見を述べる。 (647)

あることが突然、激しい勢いでおこる様子。

例 ＿＿＿な売れ行き。 (643)

突然、進歩したり発展したりする様子。

例 技術が＿＿＿に向上した。 (648)

何かの刺激を受けたとたんに、すぐ反応する様子。

例 危険を感じて、＿＿＿にとびのいた。 (644)

ひょうめんてき
表面的

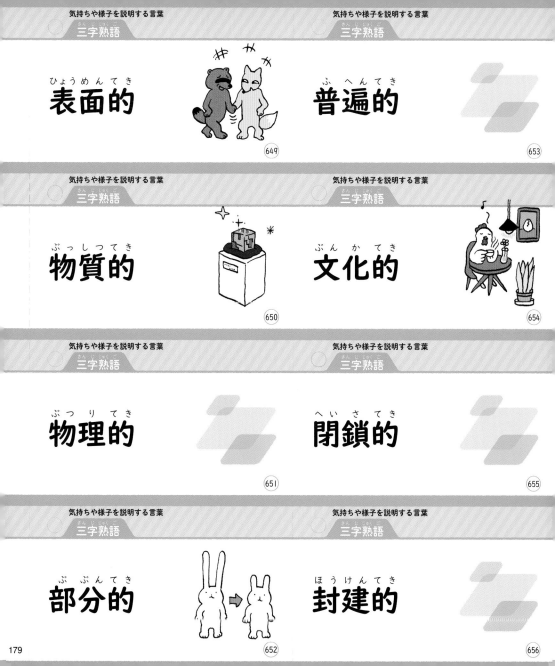

649

ふへんてき
普遍的

653

ぶっしつてき
物質的

650

ぶんかてき
文化的

654

ぶつりてき
物理的

651

へいさてき
閉鎖的

655

ぶぶんてき
部分的

652

ほうけんてき
封建的

656

すべてのものにあてはまる様子。

例 命は有限だということは、＿＿＿＿な真理だ。 (653)

うわべだけである様子。

例 ＿＿＿＿なつきあい。 (649)

学問や芸術などの、進んだ文化を取り入れた様子。

例 ＿＿＿＿な生活をいとなむ。 (654)

❶物質としての性質をもつさま。また、物質に関係がある様子。❷心のもち方よりも、お金などを大切にする様子。対 精神的。

例 ❶歴史的にも＿＿＿＿にもめずらしい工芸品。
❷＿＿＿＿に豊かな生活。 (650)

自分や仲間の中にとじこもって、外からのものを受け入れようとしない様子。対 開放的。

例 ＿＿＿＿な性格。／＿＿＿＿な社会。 (655)

❶物理学によって認められる様子。
❷物事を、広さや重さや速度などのように、数量で表すことができるかどうかという面から考える様子。
例 ❶水の＿＿＿＿変化を観察する。
❷人が馬よりはやく走るのは＿＿＿＿に無理だ。 (651)

身分などの上下を重んじて、世襲や権力で下の人々をおさえつけようとする様子。

例 ＿＿＿＿なやり方では、人はついてこない。 (656)

物事のある部分にだけ関わる様子。一部分だけである様子。

例 ＿＿＿＿になおすだけで印象が変わる。 (652)

180

ほ　しゅ　てき
保守的

ゆう　えつ　かん
優越感

(657)　　　　(661)

ほん　かく　てき
本格的

らく　てん　てき
楽天的

(658)　　　　(662)

ほん　しつ　てき
本質的

らっ　かん　てき
楽観的

(659)　　　　(663)

も　はん　てき
模範的

り　こ　てき
利己的

(660)　　　　(664)

自分がほかの人よりすぐれていると思う気持ち。

対 劣等感。

例 ＿＿＿＿をいだく。 (661)

今までの考え方・やり方を守っていこうとする様子。

対 進歩的。革新的。

例 ＿＿＿＿な考え方に立つ政党。 (657)

何でもよいほうに考えて、くよくよしない様子。

例 母はいつでも＿＿＿＿だ。 (662)

正しい形式ややり方にしたがっている様子。本式。

例 家庭でも、＿＿＿＿なフランス料理を作ることができる。 (658)

物事がうまくいくにちがいないと、明るい見通しをもつ様子。

例 うまくいくはずだと、＿＿＿＿に考える。 (663)

そのもののもとになる性質に関わる様子。根本的に大事な様子。

例 人は＿＿＿＿にやさしい心をもっている。／
彼と私の意見は＿＿＿＿にちがう。 (659)

自分だけの利益を考える様子。

例 ＿＿＿＿な行動。 (664)

手本になるような立派な様子。

例 ＿＿＿＿な演技。 (660)

りそうてき
理想的

(665)

るいけいてき
類型的

(669)

りちてき
理知的

(666)

れきしてき
歴史的

(670)

りょうしんてき
良心的

¥100

(667)

れっとうかん
劣等感

(671)

りんじょうかん
臨場感

(668)

ろんりてき
論理的

(672)

183

特徴や個性、新しさなどがなく、型にはまっている様子。また、ありふれている様子。

例 ＿＿＿でつまらない話。　669

考えられる、もっともよい状態である様子。

例 早ね早起きの＿＿＿な生活。　665

歴史に残っている様子。また、歴史に残す値打ちのある様子。

例 両国代表による＿＿＿な会見。　670

筋道を立てて物事を正しく考え、行動する様子。
類 理性的。

例 ＿＿＿な印象をあたえる。　666

人より自分がおとっていると思いこむ気持ち。
対 優越感。

例 ＿＿＿をいだく。　671

良心にしたがって、誠実に親切に物事をおこなう様子。

例 ＿＿＿な値段。　667

考え方が、筋道に合って、はっきりしている様子。論理にかなっている様子。

例 ＿＿＿な思考の持ち主。　672

その場所にいるような感じ。

例 ＿＿＿あふれる３D映像。　668

あるいは

⑥73

及び

⑥77

一方

⑥74

かつ

⑥78

同じく

⑥75

けれど（も）

⑥79

おまけに

⑥76

さて

⑥80

そのほかにまた。並びに。

例 五年生＿＿＿＿六年生。 677

または。もしくは。

例 くもり、＿＿＿＿雨。 673

その上に。さらに。

例 スポーツマンで、＿＿＿＿成績がよい。 678

話が変わって、もう一つのことについては。

例 姉は兄から聞いたと言っている。＿＿＿＿、兄は話していないと言っている。 674

前に言ったこととは、逆の関係にあることを表すときに使う言葉。

例 今日は雨がふった。＿＿＿＿、球技大会はおこなわれた。 679

並びに。
▶ 同じものを繰り返して並べるときに、同じ言葉をはぶくために用いる。

例 六年一組、＿＿＿＿二組。 675

前に言ったことを軽く受けて、話を変えるときに使う言葉。

例 いよいよ野球のシーズンだ。＿＿＿＿、各チームの調子はどうかな。 680

さらに。その上に。

例 頭は痛いし、＿＿＿＿熱も出てきた。 676

186

さては

(681)

しかも

(685)

さもなければ

(682)

従って

(686)

しかし

(683)

すなわち

(687)

しかしながら

(684)

すると

(688)

❶前に言ったことに、さらにほかのことを加えるときに使う言葉。❷前に言ったことと、反対のことを言うときに使う言葉。

例 ❶値段が安く、＿＿＿＿、おいしい。❷しかられて、＿＿＿＿、あらためないとはあきれる。 (685)

そればかりではなく、その上に。

例 金メダルをとったら、親せき・近所の人＿＿＿＿県知事までお祝いに集まった。 (681)

だから。それだから。

例 熱心に練習した。＿＿＿＿、誰にも負けないという自負がある。 (686)

そうでなければ。さもないと。

例 雨か、＿＿＿＿雪になりそうだ。 (682)

❶前に言ったことを、別の言葉で説明するときに使う言葉。
❷まさしく。ちょうど。ぴったり。

例 ❶江戸＿＿＿＿、今の東京に建てられた。❷ある人のことがとても気になる。それが＿＿＿＿恋だ。 (687)

前に言ったことを受けて、その反対のことを言うときに使う言葉。

例 品物はよい。＿＿＿＿、値段が高い。 (683)

❶そうすると。
❷それならば。

例 ❶暗い道を歩き続けた。＿＿＿＿、遠くに明かりが見えてきた。❷熱が出たそうだ。＿＿＿＿、明日は欠席だね。 (688)

「しかし」のあらたまった言い方。そうではあるが。

例 努力はした。＿＿＿＿成績は上がらなかった。 (684)

そうして

そのくせ

689

693

そこで

そのため

690

694

そして

そもそも

691

695

その上

それから

189

692

696

前に言ったことと次に言うことが、合っていないときに使う言葉。

例 彼女は世話好きなのに、＿＿＿自分のことはあまりかまわない。　(693)

前に言った動きや状態を受けて、そのあとに次の動きや状態が起こるときに使う言葉。

例 彼は、おくれてやってきた。＿＿＿、ゆっくり話し始めた。　(689)

そういうわけで。

例 台風が上陸した。＿＿＿、電車が大はばにおくれた。　(694)

前に言ったことを受けて、次のことをもちだすときに使う言葉。

例 本を読んでいたら知らない言葉が出てきた。＿＿＿辞典で調べることにした。　(690)

あらたまって、もとにもどって言い出すときに使う言葉。

例 ＿＿＿、自由とは何であろうか。　(695)

前に言った動きや状態を受けて、そのあとに次の動きや状態が起こるときに使う言葉。

例 駅まではバスで行った。＿＿＿、電車で目的地をめざした。　(691)

❶それに続いて、その後。
❷それに加えて。

例 ❶バスをまちがえて、＿＿＿どうしたの。
❷夏休みには、海水浴、山のぼり、＿＿＿海外旅行にも行きたい。　(696)

ある事柄に、さらに別の事柄が加わるときに使う言葉。

例 風が強まり、＿＿＿、雨もふってきた。　(692)

それだけに

(697)

それとも

どちらにしようかな〜

(701)

それで

(698)

それなら

(702)

それでは

(699)

それに

このペンはイイ…!

(703)

それでも

(700)

それ故
ゆえ

(704)

〔二つのうち〕どちらかを選ぶときに使う言葉。

例 りんごがいいか、＿＿＿＿なしがいいか。 (701)

そういうことであるから、特に。

例 父にしかられたことはないが、＿＿＿＿かえって
こわい。 (697)

〔前のことを受けて〕そういうわけなら。

例 その日は参加できる人が少ないようだ。＿＿＿＿、別の
日にしよう。 (702)

❶ 前に言ったことを理由として、次のこと
を言うときに使う言葉。
❷ 前に言ったことを受けて、話を先に進め
るときに使う言葉。

例 ❶頭が痛かった。＿＿＿＿薬を飲んだんだ。❷昨日彼に
会ったのか。＿＿＿＿彼は何て言ったの。 (698)

あることに、さらにほかのことをつけ加える
ときに使う言葉。

例 このペンは、とても書きやすい。＿＿＿＿、デザインも
すてきだ。 (703)

❶ そういうわけなら。それなら。
❷ 始めや終わりの区切りを表す言葉。

例 ❶五対二で反対が多い。＿＿＿＿この案はなかったこと
にしよう。❷みなさんおそろいですね。＿＿＿＿会議を
始めます。 (699)

〔前の事柄を受けて〕それだから。
▶ あらたまった言い方。

例 この素材はもろい。＿＿＿＿取りあつかいに注意が必要
だ。 (704)

前に言ったことと反対のことを言うときに使
う言葉。にもかかわらず。

例 間に合わないかもしれない。＿＿＿＿、私は行く。 (700)

だから

だって

705

709

だけど

ちなみに

706

710

ただ

でも
たべたい…
ドキ
ドキ

次いで

つづきは
マジック！
バイバーイ

707

711

但し

さあ…！
先に宿題よ！
しゅくだい
算数

ついては

193

708

712

❶ そうはいっても。

❷ なぜなら。

▶ くだけた言い方。

例 ❶ 行かないとはどういうことだ。＿＿＿、さっきは行くと言っていたじゃないか。
❷ 今日は早くねるよ。＿＿＿頭が痛いんだもの。709

前に言ったことを理由として、結論として次のことを言うときに使う言葉。

例 テニスが上手になりたい。＿＿＿、厳しい練習にもたえられる。705

あることを言ったついでに、新しい情報をつけ加えて言うときに使う言葉。ついでに言えば。それにつけて。

例 わが家は五人家族です。＿＿＿、男性は父だけです。710

そうではあるけれど、しかし。

▶「だけれど（も）」の略。くだけた言い方。

例 急いで行った。＿＿＿、間に合わなかった。706

引き続いて。次に。

例 歌が終わり、＿＿＿マジックが始まった。711

ただし。もっとも。でも。

例 あの店はおいしい。＿＿＿値段が高い。707

それなので。したがって。

例 入会を申しこみます。＿＿＿入会の案内書をお送りください。712

前に言った事柄に、説明や条件をつけ加えるときに使う言葉。

▶ ひらがなで書くことが多い。

例 おやつはプリンです。＿＿＿先に宿題をしなさい。708

194

では

⑦13

ところが

⑦17

でも

⑦14

ところで

⑦18

と

⑦15

とは言え

⑦19

時に

⑦16

なお

⑦20

前の文にふくまれる予想・期待に反すること
を言うときに使う言葉。

例 簡単に勝てると思っていた。＿＿＿＿、せり合ったすえ
に負けてしまった。 ⑺⒘

急に話を変えるときに使う言葉。

例 ＿＿＿＿。きみは何のためにここに来たの。 ⑺⒙

そうは言っても。けれども。

例 雪が積もった、＿＿＿＿、遊園地には行くのだ。 ⑺⒚

あることを言ったあとで、さらにほかのこと
をつけ加えるときに使う言葉。
▶ ややあらたまった言い方。

例 次の電車は○○行きです。＿＿＿＿、出発の時刻が変わ
る場合があります。 ⑺⒛

そういうことならば。

例 目的地は同じですね。＿＿＿＿、いっしょに行きましょ
う。 ⑺⒔

前に言ったことを受けて、その反対のことを
言うときに使う言葉。
▶ くだけた言い方。

例 行きたくないと思っていた。＿＿＿＿、行ったらとても
楽しかった。 ⑺⒕

すると。続いて。

例 雨がやんだ。＿＿＿＿、急に風がふき始めた。 ⑺⒖

話題を変えるときに使う言葉。ところで。

例 ＿＿＿＿、あの事件はどうなりましたか。 ⑺⒗

196

なぜなら(ば)

又は

⑺25

にもかかわらず

⑺22

若しくは

⑺26

のみならず

⑺23

故に

⑺27

又

⑺24

よって

⑺28

二つの事柄のうち、どちらを選んでもよいときに使う言葉。
▶ひらがなで書くことが多い。

例 黒＿＿＿青のボールペンで書いてください。 725

どうしてかと言えば。そのわけは。

例 あなたが見かけたのは、私ではない。＿＿＿＿、その日はずっと家にいたからだ。 721

または。あるいは。
▶㋐ややあらたまった言い方。㋑ひらがなで書くことが多い。

例 水曜日、＿＿＿＿金曜日に来てほしい。 726

それなのに。なのに。

例 答案用紙を出す前に何回も見なおした。＿＿＿＿ミスをしてしまった。 722

〔前に述べたことを受けて〕それだから。こういうわけで。よって。
▶あらたまった言い方。

例 われ思う、＿＿＿＿われあり。
（＝フランスの哲学者デカルトの言葉） 727

〔文のはじめについて〕そればかりでなく。

例 寒い。＿＿＿＿おなかも空いてきた。 723

〔前に述べたことを受けて〕それで。そういうわけで。ゆえに。

例 52対50。＿＿＿＿紅組の勝ち。 728

❶ある事柄に、別の事柄をつけ加えるときに使う言葉。
❷事柄をならべて言うときに使う言葉。
▶ひらがなで書くことが多い。

例 ❶走るのがはやく、＿＿＿＿、泳ぎも得意だ。
❷彼は音楽家であり、＿＿＿＿、作家である。 724

198

開いた口が塞がらない

(729)

足が地に着かない

(733)

あおりを食う

(730)

足が付く

(734)

あぐらをかく

(731)

足が早い

(735)

顎で使う

(732)

足蹴にする

(736)

❶〔気持ちが高ぶって〕落ち着かない。
❷考え方や行動がしっかりしていなくて、着実ではない。

例 ❶試合を明日にひかえて＿＿＿＿。
❷大人になっても＿＿＿＿生活を続けている。 733

驚きあきれて何も言えない。

例 貴重なつぼをこわして反省も見られないとは、＿＿＿＿。 729

〔にげた人やかくれた人の〕にげた道筋やかくれているところがわかる。

例 残った足あとから、足が付いた。 734

あるできごとの強い影響を受ける。

例 電車のおくれのあおりを食って、バスがおくれた。 730

食べ物がくさりやすい。

例 夏は生物の＿＿＿＿。 735

いい気になって、努力をしなくなる。

例 人気の上に＿＿＿＿。 731

ひどいしうちをする。
▶「足げりにする」としないこと。

例 仲間を足蹴にして追い出す。 736

〔あごを動かして人に命令をするように〕いばった態度で人を使う。

例 下級生を＿＿＿＿。 732

200

足元にも
及ばない

(737)

跡を絶たない

(741)

味を占める

(738)

後を引く

(742)

足を伸ばす

(739)

油を絞る

(743)

頭が固い

(740)

網を張る

(744)

続いていて、なくならない。

例 やめる人が＿＿＿。 (741)

比べものにならないほど、相手がすぐれている。

例 まだまだ、彼の＿＿＿。 (737)

❶あることの影響がいつまでも残っている。
❷食べたり、飲んだりし終わっても、まだそうしたい気持ちが続く。

例 ❶この間のけんかが後を引いて、いまだに口もきかない。❷このおかしは＿＿＿味だ。 (742)

一度やったことがうまくいったので、それにおもしろみを覚える。

例 大きな魚をつったのに味を占めて、また出かけた。(738)

〔なまけたり、失敗したりした人などを〕厳しくしかる。
▶大豆・ごまなどから油をとるときに、道具を使って、ぎゅうぎゅうとしぼりとる様子から。

例 調子に乗って、母にこってりと油を絞られた。 (743)

予定していたところより、もっと遠くまで行く。
▶「延ばす」とも書く。

例 買い物のついでに足を伸ばして、となりの町の美術館まで行った。 (739)

〔犯人やえものなどをつかまえるために〕準備して、待つ。

例 現場近くで＿＿＿。 (744)

自分の一定の考えにこだわって、変えようとしない。ゆうずうがきかない。

例 父は頭が固くて、私の気持ちをわかってくれない。(740)

202

案の定
(745)

息を殺す

(749)

行き当たり
ばったり

(746)

異彩を放つ
(750)

息が長い
(747)

痛い目に遭う
(751)

息が弾む

(748)

痛くも
かゆくもない

(752)

203

息を止めるようにして、じっと静かにしている。息をこらす。息をつめる。

例 ちょうをつかまえようと、息を殺して手をのばした。 749

思ったとおり。予期していたとおり。
▶「案の上」と書かないこと。

例 _____、反対された。 745

[才能などが] ふつうとちがって、目立ってすぐれている。

例 絵については子どものときから異彩を放っていた。 750

先のことを考えないで、その場その場で、物事をおこなうこと。

例 _____の行動。 746

[苦しみ・痛みで] つらい思いをする。ひどい目にあう。
▶「痛い目を見る」とも言う。

例 悪さばかりしていると_____よ。 751

一つのことが長く続いている様子。
▶「息の長い」とも言う。

例 _____仕事。／_____人気。 747

何の痛みもない。少しもこまらない。

例 反撃されても、_____。 752

激しい運動をして、呼吸が荒くなる。

例 ジョギングをしたので、_____。 748

いたちごっこ

㊟753

一堂に
会する

㊟757

至れり
尽くせり

㊟754

一目散に

㊟758

一か八か

㊟755

一も二もなく

㊟759

一日の長

㊟756

一矢を報いる

㊟760

ある目的のために、多くの人が一つの場所に集まって会う。
▶「一堂」は、一つの建物・場所のこと。

例 大臣が＿＿＿＿。　　(757)

ほかのことは考えず、走る様子。

例 ＿＿＿＿にげ出した。　　(758)

あれこれ言うこともなく。

例 ＿＿＿＿賛成した。　　(759)

負けずにやり返す。
▶「一矢」は、一本の矢のこと。敵に矢を射返すということから。

例 大差で負けていたが、ホームランを打って＿＿＿＿。　(760)

競争や対立をいつまでも繰り返していて、決着がつかないこと。

例 不正をする人と警察との＿＿＿＿が続く。　(753)

〔心づかいが〕すべてに行き届いている様子。

例 ＿＿＿＿のもてなしを受けた。　(754)

どうなるかわからないが、思い切ってためしてみること。

例 ＿＿＿＿勝負に出た。　(755)

〔一日だけ年上であるということから〕経験をつんで、知識や技がほかの人に比べて少しすぐれていること。

例 サッカーの技術は僕より先輩に＿＿＿＿がある。　(756)

206

糸を引く

761

うだつが
上がらない

765

意表をつく

762

内弁慶

766

否応無しに

763

腕が上がる

767

後ろ髪を
引かれる

764

腕が鳴る

768

思うように地位が上がったり生活がよくなったりしない。

▶「うだつ」は、屋根のはりの上に立ててむな木をささえる、短い柱のこと。いつも大きなむな木におさえられていることから言う。

例 このままでは、私は一生＿＿＿＿。 (765)

かげで指図をして、思うように人をあやつる。

例 この事件は後ろで糸を引いている悪いやつがいる。(761)

自分の家の中ではいばっているが、外ではおとなしいこと。また、そのような人。

▶「弁慶」は、源 義経につかえたといわれる人物。とても強かったとされる。

例 うちの息子は＿＿＿＿で、外出先ではおとなしい。(766)

相手が考えてもいなかったやり方をする。

例 ＿＿＿＿作戦で勝利をつかむ。 (762)

上手になる。

▶「腕を上げる」とも言う。

例 兄の料理の腕が上がった。 (767)

むりやり。いいも悪いもかまわず。

例 ＿＿＿＿参加させられた。 (763)

自分の能力や力をあらわしたくて、じっとしていられない気持ちになる。

例 明日の試合を思うと、＿＿＿＿。 (768)

〔髪の毛を後ろに引っぱられるように〕あとのことが気になって、心が残る。

例 この番組を最後まで見られないなんて、＿＿＿＿思いだ。(764)

腕（うで）によりを
かける

⑦69

うなぎ登（のぼ）り・
うなぎ上（のぼ）り

⑦73

打（う）てば響（ひび）く

⑦70

裏目（うらめ）に出（で）る

⑦74

腕（うで）を
こまぬく

⑦71

裏（うら）をかく

⑦75

腕（うで）を磨（みが）く

⑦72

上（うわ）の空（そら）

⑦76

209

［うなぎが水中をのぼる様子などから］休みなくどんどん上がったり、増えたりすること。

例 物の値段が＿＿＿に上がる。 (773)

うでまえを十分にあらわそうと、張り切る。

例 腕によりをかけて、料理をつくる。 (769)

よくなると思ってしたことが、かえって悪い結果になる。
▶「裏目」は、さいころの目で、反対側の目のこと。

例 近道をしようとしたことが裏目に出た。 (774)

何かを言ったりしたりすることに対して、すぐに適格に反応する。

例 ＿＿＿ように答える。 (770)

相手が考えたこととは反対のことをして、相手を出しぬく。

例 敵の＿＿＿作戦。 (775)

［腕組みをして］自分は何もしないで、人がしていることをそばで見ている。
▶「腕をこまねく」とも言う。

例 ひとりだけ、腕をこまぬいて眺めている。 (771)

ほかのことに夢中になっていて、必要なことに注意がいかない様子。

例 先生の注意を＿＿＿で聞く。 (776)

熱心に練習して力をつける。

例 ピアノのコンクールに向けて、＿＿＿。 (772)

得体（えたい）が知（し）れない

⑦⑦⑦

襟（えり）を正（ただ）す

⑦⑦⑧

大（おお）きな顔（かお）をする

⑦⑦⑨

大風呂敷（おおぶろしき）を
広（ひろ）げる

⑦⑧⓪

大目（おおめ）に見（み）る

⑦⑧①

奥歯（おくば）に物（もの）が
挟（はさ）まったよう

なに？
どうしたの？

いや…あの

⑦⑧②

押（お）しも
押（お）されもせぬ

⑦⑧③

尾（お）ひれを
付（つ）ける

⑦⑧④

211

〔よくないところや失敗などを〕やかましく言わないで見のがす。

例 今度だけは大目に見てやろう。 (781)

本当の姿や性質がわからない。正体がわからない。
▶「得体の知れない」とも言う。

例 ＿＿＿＿男。 (777)

思ったことをはっきり言わない様子。

例 ＿＿＿＿な答えしかしない。 (782)

〔身なりや姿勢をきちんとして〕気持ちを引きしめる。

例 襟を正して聞く。 (778)

誰からも力があると認められている。
▶㋐「押しも押されもしない」とも言う。㋑「押しも押されぬ」とまちがえないこと。

例 今や＿＿＿＿4番バッターだ。 (783)

いばった顔つきをする。えらそうにふるまう。
▶「大きい顔をする」とも言う。

例 大きな顔をして、べらべら話す。 (779)

いろいろとつけ加えて、話を大げさにする。
▶「尾ひれ」は、魚の尾とひれのこと。

例 小さなできごとに尾ひれを付けて話す。 (784)

大げさなことを言う。

例 一メートルもある魚をつったと、＿＿＿＿。／世界チャンピオンをたおすと＿＿＿＿。 (780)

尾を引く

㊄㊄㊄ 785

顔を潰す

789

音頭を取る

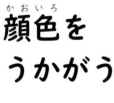

786

我が強い

790

顔色を
うかがう

787

肩で
風を切る

791

顔が利く

788

片棒を担ぐ

792

[世話になった人の] 体面を悪くする。面目を失わせる。

例 遅刻をして、アルバイトを紹介してくれた友達の顔を潰してしまった。　⑦⑧⑨

ある物事の影響が、あとまで残る。

例 前の試合の負けが、いまだに尾を引いている。　⑦⑧⑤

自分の考えを無理にでもおし通そうとする様子。

例 ＿＿＿＿選手の多いチーム。　⑦⑨⓪

❶大勢で歌ったりおどったりするとき、全体の調子を取る。
❷人の先にたって計画したり世話をしたりする。

例 ❶合唱の＿＿＿＿。
❷班長が音頭を取ってあきかん拾いをした。　⑦⑧⑥

肩をそびやかして、いばって歩く様子のたとえ。

例 得意そうに肩で風を切って歩く。　⑦⑨①

顔に表れた相手の機嫌を読みとる。

例 姉の＿＿＿＿。　⑦⑧⑦

いっしょに仕事をする。
▶㋐「片棒」は、かごをかつぐ棒の前か後ろのどちらかのこと。㋑ふつう、よくないことに言う。

例 いたずらの＿＿＿＿。　⑦⑨②

[信用や力があって] 相手に多少無理を言っても聞き入れてもらえる。

例 私は不動産屋に＿＿＿＿から、家を探しているなら紹介するよ。　⑦⑧⑧

214

肩を怒らす

793

肩を並べる

794

角が立つ

795

かぶりを振る

796

かゆい所に手が届く

797

借りてきた猫

798

間一髪

799

閑古鳥が鳴く

800

細かいところまでよく気がつき、世話が行き届くたとえ。

例 ＿＿＿＿＿サービスがモットーです。　㊆㊆㊆(797)

肩を高くはり、いばった様子をする。

例 肩を怒らして入ってきた。　(793)

[ほかの家から借りてきたねこのように] いつもとちがって、とてもおとなしい様子のたとえ。

例 弟は知らない人の前では、＿＿＿＿＿みたいだ。　(798)

おたがいに同じような地位や力をもつ。

例 小さな店だが、大型店と＿＿＿＿＿ほどの売り上げだ。　(794)

ごくわずかな時間の差で、物事がうまくいったりいかなかったりするたとえ。
▶⑦髪の毛一本のすきましかないという意味から。
　④「間一発」と書かないこと。

例 ＿＿＿＿＿で間に合った。　(799)

心がいらだち、おだやかでなくなる。問題になる。

例 そんな言い方をしては、＿＿＿＿＿。　(795)

客が訪れないで、さびしく、ひまである様子。
▶「閑古鳥」は、鳥のカッコウのこと。

例 ＿＿＿＿＿店。　(800)

[頭を左右にふって]「そうではない」または「承知しない」ことを表す。
▶「かぶり」は、「頭」の古い言い方。

例 思い切ってプロポーズしたが、彼女は＿＿＿＿＿ばかりだった。　(796)

216

機先を制する
(801)

きつねに つままれる

(802)

軌道に乗る
(803)

きびすを 返す

(804)

決まりが 悪い

(805)

肝が据わる
(806)

肝に銘じる
(807)

気を吐く

(808)

その場を取りつくろうことができなくて、恥ずかしい。

例 思わずどなってしまい、＿＿＿＿。 805

落ち着いていて、少しのことでは驚かない。
▶「肝っ玉が据わる」とも言う。

例 肝が据わった、たのもしい人。 806

忘れないように、心に深くきざみこむ。

例 正直に生きることを＿＿＿＿。 807

いせいのよいことを、さかんに言う。また、いせいがよくやる気があることを、さかんに示す。

例 弱いチームで、ひとり＿＿＿＿。 808

ほかの人より先に物事をおこなって、相手の勢いを弱める。

例 ＿＿＿＿ように話し始めた。 801

［きつねにだまされたように］わけがわからず、ぼんやりすることのたとえ。

例 届いた箱を開けたら何も入っていなくて、きつねにつままれたような気分だ。 802

物事が調子よく進む。

例 友人たちと立ち上げた事業も、ようやく軌道に乗ってきた。 803

あともどりをする。引き返す。
▶「きびす」は、かかとのこと。

例 忘れ物に気づいて、きびすを返した。 804

218

口裏を
合わせる

809

口を出す

813

口がうまい

810

口を挟む

814

口が減らない

811

首を縦に振る

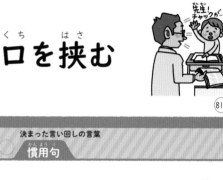

815

口を
そろえる

812

首を突っ込む

816

自分に関係のないことなのに、そばからあれこれ言う。

例 人のけんかに＿＿＿な。　　　　⑧13

一つのことについて、みんなが同じ話をするように、前もって決める。

例 口裏を合わせて、遅刻の言い訳をする。　⑧09

人が話しているときに、そばからものを言う。

例 先生の説明中に口を挟んではいけません。　⑧14

人の気に入るようなことを、うまく言う。

例 ＿＿＿友人に乗せられて、参加することになった。⑧10

うなずく。承知する。

例 どんなに説得しても、＿＿＿ことはなかった。　⑧15

［言い返したり、りくつを言ったり］自分勝手なことを遠慮なく言う。

例 ああ言えばこう言うで、まったく＿＿＿やつだ。⑧11

［自分から進んで］そのことに関係する。

例 何にでもすぐに＿＿＿人。　　　⑧16

多くの人が同じ意見をいっしょに言う。

例 口をそろえて、彼をキャプテンに推薦した。　⑧12

220

血相（けっそう）を変（か）える

817

心（こころ）を
鬼（おに）にする

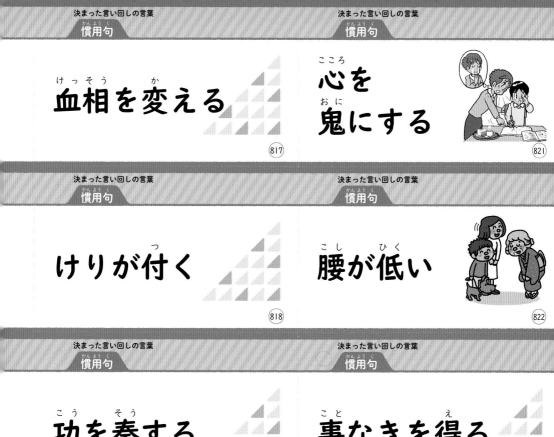

821

けりが付（つ）く

818

腰（こし）が低（ひく）い

822

功（こう）を奏（そう）する

819

事（こと）なきを得（え）る

823

業（ごう）を煮（に）やす

820

言葉（ことば）を濁（にご）す

824

221

かわいそうだと思う気持ちをおさえて、わざと厳しくする。

例 心を鬼にして、厳しく指導をする。　821

ほかの人に対して、礼儀正しくて、いばらない様子。

例 あの人は、誰に対しても＿＿＿。　822

無事にすむ。心配だった困難なことが起こらない。

例 すぐ医者に来てもらったので事なきを得た。　823

はっきりものを言わない。

例 答えにくい質問に言葉を濁した。　824

おこったり、驚いたりして、表情を変える。

例 知らせを聞いて、血相を変えてとび出していった。　817

物事がまとまって終わりになる。
▶「けり」は古い言葉で、文の終わりに付ける語。和歌や俳句は、「けり」で終わるものが多いことから。

例 その件は、すでにけりが付いた。　818

うまくいく。成功する。

例 細かい心配りが＿＿＿。　819

おこって、いらいらする。

例 なかなか料理が出てこないので、業を煮やして店を出てしまった。　820

小耳に挟む（こみみにはさむ）

舌鼓を打つ（したつづみをうつ）

⑧29

これ見よがし（み）

⑧26

地団駄を踏む・地団太を踏む（じだんだをふむ）

⑧30

さばを読む（よ）

⑧27

尻尾を出す（しっぽをだす）

⑧31

敷居が高い（しきいがたかい）

尻尾をつかむ（しっぽ）

⑧28

⑧32

慣用句

おいしいものを食べたとき、舌を鳴らす。
▶「したづつみを打つ」とも言う。

例 母の手料理に＿＿＿。 829

慣用句

〔聞くつもりはないが〕話の一部分などを、ちらりと聞く。

例 うわさを＿＿＿。 825

慣用句

足をふみならし、非常に悔しがる様子。

例 地団駄を踏んでだだをこねても、母には通用しない。 830

慣用句

〔「これを見なさい」と言わんばかりに〕じまんそうに見せつける様子。

例 高級車を＿＿＿に乗り回す。 826

慣用句

ごまかしていたことや、かくしていたことがばれる。

例 うっかり口をすべらせて、＿＿＿。 831

慣用句

〔自分に都合のよいように〕数をごまかして言う。
▶魚市場で魚を数えるとき、サバはいたみやすいので、わざと急いで数えて、ごまかすことが多かったとされることから。

例 二十三才だが二十才だと、＿＿＿。 827

慣用句

ごまかしていたことや、かくしていたことを見つける。

例 ついに犯人の尻尾をつかんだぞ。 832

慣用句

恥ずかしいという気持ちや、迷惑をかけたという気持ちがあるので、その人のところに行きにくい。

例 約束をはたしていないので、会いに行くのは＿＿＿。 828

224

しびれを
切らす

833

隅に置けない

837

終止符を打つ

834

せきを切った
ように

838

尻が重い

835

背を向ける

839

すねをかじる

836

底を突く

840

思っていたよりも、技などがすぐれていて、油断ができない。

例 あんなにすてきな恋人がいるなんて、彼もなかなか＿＿＿＿。 837

待ちくたびれて、がまんができなくなる。

例 長い間待たされて、＿＿＿＿。 833

［せきが切れて水があふれるように］おさえられていた物事が、急に激しく起こる様子。

例 ＿＿＿＿泣き出した。 838

物事を終わりにする。
▶「終止符」は、曲や文の終わりに付ける印。

例 学生生活に＿＿＿＿。 834

相手の思いどおりにならない。また、冷たく知らないふりをする。

例 こまっている友達に＿＿＿＿。 839

［めんどうがって］すぐに物事をしようとしない。

例 尻が重くて、いっこうに準備にとりかからない。 835

［たくわえたものが］完全になくなる。

例 とうとう食糧が底を突いてしまった。 840

自立せず、親やきょうだいから学費・生活費などを出してもらって生活する。

例 親の＿＿＿＿。 836

226

対岸の火事
たいがん　か　じ

(841)

血も
ち
涙もない
なみだ

(845)

たがが緩む
ゆる

(842)

つぼにはまる

(846)

竹を
たけ
割ったよう
わ

(843)

面の皮が
つら　かわ
厚い
あつ

(847)

立つ瀬がない
た　　せ

(844)

手が空く
て　あ

(848)

心が冷たくて、思いやりがまったくない。

〔向こうぎしの火事の意味から〕自分には関係のない（不幸な）できごとのたとえ。

例 ＿＿＿ふるまい。 845

例 人口減少の問題は、わが町にとっても＿＿＿ではない。 841

ねらったとおりになる。

張り詰めていた気持ちのしまりがなくなる。

例 新商品がつぼにはまって、客足がたえない。 846

例 先生が出張で自習なので、＿＿＿。 842

あつかましい。ずうずうしい。

性質がさっぱりしていることのたとえ。

例 あんなにしかられても平気なんて、＿＿＿やつだ。 847

例 ＿＿＿な性格。 843

〔仕事などが終わって〕ひまになる。手がすく。

こまった立場になる様子。

例 手が空いたら、ちょっとこっちに来てくれ。 848

例 そんなことをされては、私の＿＿＿。 844

228

手がかかる

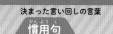

849

手玉に取る

853

手が付けられない

850

手に付かない

854

手が出ない

851

手の平を返す

855

てこでも動かない

852

出鼻をくじく

856

229

〔お手玉で遊ぶように〕自分の思いどおりに相手を動かす。

例 相手チームの上級生を_____。 ⑧⁵³

多くの時間や労力がかかる。手数がかかる。

例 植物を育てるのは、なかなか_____。 ⑧⁴⁹

〔ほかのことに注意が向いてしまって〕落ち着いて物事ができない。

例 テレビが気になって、勉強が_____。 ⑧⁵⁴

程度がひどすぎて、どうすることもできない。

例 子犬がやんちゃで_____。 ⑧⁵⁰

態度を急に変える様子のたとえ。
▶「手の裏を返す」とも言う。

例 失敗したとたん、まわりの人は_____ように冷たくなった。 ⑧⁵⁵

❶難しくて、どうすることもできない。
❷高くて買えない。

例 ❶この問題は難しすぎて_____。
❷こんなに高くては、とても_____。 ⑧⁵¹

物事を始めようとしたとたんに、じゃまをする。さまたげて、だめにする。

例 新装開店の日はどしゃぶりで、出鼻をくじかれた。⑧⁵⁶

どうやっても動かない。また、考えなどを変えない。

例 弟は、一度言い出したら、_____。 ⑧⁵²

230

手を貸す

857

鳴りを潜める

861

峠を越す

858

苦虫をかみ潰したよう

ギロリ

862

度肝を抜く

わたしつよいの！

まけちゃった

えーすごい

859

二足のわらじを履く

アイドル！

ウエイトレス！

863

何食わぬ顔

似たり寄ったり

231

860

864

[さわいでいたものが] 静かになる。また、活動がとだえ、目立たなくなる。

例 去年噴火した山は、今のところ鳴りを潜めている。／いっとき大ブレイクしたあの芸人も、近ごろはすっかり鳴りを潜めてしまった。　861

手助けをする。

例 友人が手を貸してくれた。　857

とても機嫌の悪い顔つきのたとえ。

例 ＿＿＿な顔で、こちらを見ている。　862

一番さかんな時期をすぎる。一番危険な時期をすぎる。

例 寒さが＿＿＿。／症状が峠を越して、回復に向かった。　858

ひとりの人が、二つの仕事や立場をかねる。

例 アイドルとウエイトレスと、＿＿＿。　863

非常にびっくりさせる。

例 最年少の選手が勝ち抜いて、観客の度肝を抜いた。　859

どちらも同じようで、大したちがいがないこと。
▶ふつう、よくないものにいう。

例 どっちを向いても、＿＿＿の作品ばかりだ。　864

[自分のしたことや関係のあることについて] まったく関係がないといったふるまい。また、そのような表情。

例 遅刻したのに、＿＿＿で席についた。　860

232

ぬれぎぬを
着（き）せられる

⑧⑥⑤

白紙（はくし）に戻（もど）す

⑧⑥⑨

念（ねん）を押（お）す

⑧⑥⑥

拍車（はくしゃ）を
掛（か）ける

⑧⑦⑩

歯（は）が浮（う）く

⑧⑥⑦

化（ば）けの皮（かわ）が
はがれる

⑧⑦①

馬脚（ばきゃく）を現（あらわ）す

⑧⑥⑧

旗色（はたいろ）が悪（わる）い

⑧⑦②

それまでのことをなかったことにして、もと
の状態にもどす。
▶「白紙に返す」とも言う。

例 計画を＿＿＿。 (869)

身に覚えのない罪におとしいれられるたと
え。

例 弟を泣かせたのは僕だとぬれぎぬを着せられた。(865)

力を加えて、物事がいっそうはやく進むよう
にする。
▶「拍車」は乗馬ぐつのかかとにつける金具のこと。
拍車で馬の腹をけって、馬をはやく走らせること
から。

例 ごほうびを見せて、勢いに＿＿＿。 (870)

まちがいのないように、たしかめて、注意を
する。

例 飛行機の時間におくれないよう＿＿＿。 (866)

かくしている内情がわかって、本当のことが
明らかになる。
類 馬脚を現す。

例 優等生の＿＿＿。 (871)

軽薄なおこないやわざとらしい言動を、見た
り聞いたりしてふゆかいになる。

例 ＿＿＿ようなおせじを言われる。 (867)

負けそうである。形勢がよくない。

例 わがチームの＿＿＿。 (872)

かくしていたことがわかってしまう。化けの
皮がはがれる。ぼろを出す。
類 化けの皮がはがれる。
▶しばいで、馬の足になっていた人が正体を見せる
ことから。

例 彼は専門家気取りでいるが、いずれ＿＿＿だろう。(868)

234

話（はなし）の腰（こし）を折（お）る

(873)

歯（は）の根（ね）が合（あ）わない

(877)

鼻持（はなも）ちならない

(874)

幅（はば）を利（き）かせる

(878)

花（はな）を持（も）たせる

(875)

羽目（はめ）を外（はず）す

(879)

羽（はね）を伸（の）ばす

235

(876)

腹（はら）に据（す）えかねる

(880)

寒さやおそろしさなどのためにふるえる様子。

例 たくさん着こんでも寒くて＿＿＿。 (877)

自分の思いどおりにふるまう。

例 あの人は、この町ではかなり幅を利かせている。(878)

調子に乗って、程度をこす。

例 たまには羽目を外して大さわぎをしよう。 (879)

いかりを、おさえられなくなる。

例 あの生意気なふるまいは＿＿＿。 (880)

話そうと思っている人のじゃまをして勢いを弱める。

例 関係ないことを話しかけて、＿＿＿。 (873)

考え方やおこないなどがいやで、がまんできない。

例 金持ちじまんの＿＿＿態度。 (874)

名誉や手柄を相手にゆずって、相手を引き立たせる。

例 先輩に一番よい場所をゆずって、＿＿＿。 (875)

口うるさい人や遠慮しなければならない人がいなくて、のびのびとする。

例 妻が旅行に出かけたので、家で＿＿＿。 (876)

236

腹を探る

(881)

引っ込みが
つかない

(885)

引けを
取らない

(882)

一息入れる

(886)

膝を
乗り出す

(883)

一筋縄では
行かない

(887)

膝を交える

(884)

人目を忍ぶ

(888)

物事のおさまりがつかず、しりぞくことができない。

例 論破されたままでは＿＿＿。 (885)

それとなく人の気持ちや考えを知ろうとする。

例 相手の＿＿＿。 (881)

ちょっと休む。

例 腰を下ろして＿＿＿。 (886)

〔ほかと比べて〕おとらない。負けない。

例 算数だけは誰にも＿＿＿。 (882)

ふつうのやり方では思いどおりにあつかえない。

例 ＿＿＿老練な人物。 (887)

〔興味などを感じて〕体を前のほうへ出す。乗り気になる。

例 膝を乗り出して、話を進める。 (883)

人に見られないように気をつける。人目をさける。

例 人目を忍んで行き来する。 (888)

おたがいに親しく話し合う様子。

例 膝を交えて会談する。 (884)

238

火の消えた
よう

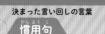

(889)

振り出しに戻る

(893)

日の目を
見る

(890)

棒に振る

(894)

火花を
散らす

(891)

墓穴を掘る

(895)

不意を突く

(892)

骨身を削る

(896)

物事のはじめの様子に返る。
▶「振り出し」は、すごろくの出発点のこと。

例 振り出しに戻って計画を考えなおす。 893

急に活気がなくなって、さびしくなる様子。

例 子どもがいなくなった公園は＿＿＿＿＿な静けさだ。 889

〔せっかくの努力などを〕むだにする。

例 けがをして、一年間の苦労を棒に振ってしまった。 894

今まで人々に知られていなかったものが、世の中に認められる。また、状況が変わって、よい状態になる。

例 彼の最初の作品が、やっと＿＿＿＿＿ことになった。 890

自分のしたことで、自分をあやうくする。
▶もともとは、自分をほうむるための墓の穴を自分で掘るという意味。

例 宝物を独り占めしようとしたが、墓穴を掘ってしまった。 895

激しく争う様子。

例 ＿＿＿＿＿大熱戦。 891

〔体が細くなるほど〕苦心や苦労をする。

例 骨身を削って執筆する。 896

突然おそう。いきなりせめる。
▶「不意を打つ」とも言う。

例 不意を突かれて、さすがのチャンピオンもよろけた。 892

240

骨を折る

897

ままならない

901

枚挙に
いとまがない

898

満を持す

902

魔が差す

899

水の泡

903

間が悪い

900

身に余る

904

思いどおりにならない。

▶「ままならぬ」とも言う。

例 ＿＿＿＿世の中だ。 (901)

一生懸命にする。人のために努力する。

例 ふたりを仲直りさせるよう＿＿＿＿。 (897)

十分に用意して機会を待つ。

例 満を持して、大会にのぞむ。 (902)

たくさんありすぎて数えきれない。

例 小さな失敗は＿＿＿＿。 (898)

長い間の努力や苦労が、むだになってしまうこと。

例 せっかくの苦労が＿＿＿＿になってしまった。 (903)

〔悪魔が人の心を乱す意味から〕ふと悪い心をおこす。

例 魔が差して、つまみ食いをしてしまった。 (899)

自分の値打ち以上である。

例 表彰されるなんて、＿＿＿＿光栄です。 (904)

❶運が悪い。また、その場の具合が悪い。

❷なんとなく少し恥ずかしい。気が引ける。

▶「間の悪い」とも言う。

例 ❶＿＿＿＿ときに友達が来た。❷人ちがいをして知らない人に声をかけ、＿＿＿＿思いをした。 (900)

242

身にしみる

⑨05

耳を そばだてる

⑨09

耳が早い

⑨06

脈が有る

⑨10

耳を貸す

⑨07

虫が知らせる

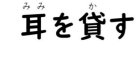

⑨11

耳を澄ます

⑨08

虫ずが走る

⑨12

聞きのがさないように注意して聞く。

例 あやしい物音に、耳をそばだてた。 909

❶心に深く感じる。
❷体に強くこたえる。

例 ❶人の親切が＿＿＿。❷寒さが＿＿＿。 905

望みがある。
▶「生きている印として脈はくがある」という意味から。

例 何度も失敗を重ねてきたが、今度こそ脈が有りそうだ。 910

物音やうわさを、すぐに聞いて知る様子。

例 彼女は＿＿＿。 906

前もってなんとなく感じる。予感がする。

例 虫が知らせたのか、急いで帰ると、兄が突然留学先から帰ってきていた。 911

人の話を聞く。

例 打ち明け話に＿＿＿。 907

いやでたまらない気持ちになる。
▶「虫ず」は、胃から出る、すっぱい液。

例 ひどいうわさ話を聞くと、＿＿＿。 912

心を落ち着けて、静かに聞く。

例 虫の声に＿＿＿。 908

244

虫の居所が悪い

⑼⒔

目星を付ける

⑼⒘

胸が騒ぐ

⑼⒕

目を細くする

⑼⒙

目が利く

⑼⒖

もったいを付ける

⑼⒚

目が回る

⑼⒗

やむを得ない

⑼⒛

だいたいこうなるだろう、こういうことだろうと考える。

例 終わる時間の_____。　⑨17

機嫌が悪くておこりっぽい。

例 今日は朝から_____。　⑨13

うれしそうな顔つきになる。
▶「目を細める」とも言う。

例 おばあさんは目を細くして孫をだいた。　⑨18

心が落ち着かない思いがする。胸さわぎがする。

例 悲しい夢を見て、なんだか_____。　⑨14

もったいぶる。

例 もったいを付けないで、早く用件を言いなさい。　⑨19

❶物のよい悪いを見分ける力がすぐれている。
❷遠くまでよく見える。

例 ❶母は、宝石に_____。❷タカはよく_____ので、遠くのえものでも見つけられる。　⑨15

ほかにどうしようもない。どうすることもできない。

例 _____急用のため、欠席した。　⑨20

❶めまいがする。くらくらする。
❷とてもいそがしい様子のたとえ。

例 ❶鉄ぼうで回転しすぎて目が回った。
❷お客が多くて、_____ほどいそがしい。　⑨16

246

やり玉に
挙げる

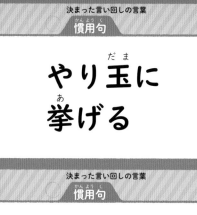

(921)

らく印を
押される

(925)

要領を得ない

(922)

理にかなう

(926)

横車を押す

(923)

我に返る

(927)

横やりを
入れる

(924)

輪をかける

(928)

247

消すことのできない悪い評判を立てられる。

例 世間からひきょう者の_____。　⑨25

非難や攻撃の目標にする。

例 不正をして勝ったチームを_____。　⑨21

物事の正しい筋道に当てはまる。

例 理にかなった説明を求める。　⑨26

物事の大切なところがはっきりしない。

例 _____答え。　⑨22

物事に夢中になっていた人が、いつもの状態にもどる。正気に返る。気をとりもどす。

例 思い出にふけっていたら、急に名前をよばれて我に返った。　⑨27

〔車を横から押して動かそうとすることから〕
筋の通らないことを無理に押し通すたとえ。

例 彼はなにかといえば_____ので人からきらわれる。　⑨23

物事の程度を激しくする。もっと大げさにする。

例 妹は、姉に輪をかけた目立ちたがり屋だ。　⑨28

ほかの者が横から文句を言う。関係のない者がじゃまをする。

例 駅員さんの説明に、おばさんが横やりを入れてきた。　⑨24

跡形もない

有るまじき

929

933

余す所なく

いい気味

930

934

有らん限り

言い知れぬ

931

935

有り得ない

いざ知らず

249

932

936

連語

そうあるべきではない。そうあってはならない。

例 人として＿＿＿ふるまい。 ⑨33

連語

何も残っていない。すっかりなくなる。

例 昨日の雪だるまは、跡形もなく消えていた。 ⑨29

連語

仲の悪い人の不幸や失敗を喜んで感じる気持ち。

例 あいつがゲームに負けるなんて＿＿＿だ。 ⑨34

連語

残らず。ことごとく。すべて。

例 その日のことを＿＿＿日記に書いた。 ⑨30

連語

言葉ではとても言い表せない。何とも言いようのない。

例 別れたあと、＿＿＿さびしさを感じた。 ⑨35

連語

あるだけ全部。

例 ＿＿＿の声でさけぶ。 ⑨31

連語

《「…(は)いざ知らず」の形で》…は別として。…はどうか知らないが。

例 小説なら＿＿＿、現実にそんなことが起きるはずはない。 ⑨36

連語

あるはずがない。

例 たまごから親鳥がうまれるだなんて、そんなことは＿＿＿。 ⑨32

250

依然として

(937)

意のまま

(941)

いたたまれない

(938)

今か今かと

(942)

いつになく

(939)

浮かない顔

(943)

否めない

(940)

多かれ少なかれ

(944)

251

思うとおり。思いのまま。

例 相手を＿＿＿にあやつる。 ⑼⁴¹

前のとおりである様子。もとのままである様子。

例 真相は＿＿＿わからない。 ⑼³⁷

物事が起こる時を待っている様子。

例 ＿＿＿知らせを待つ。 ⑼⁴²

それ以上その場所に、いられない。
▶「いたたまらない」とも言う。

例 恥ずかしさでいたたまれなくなって、部屋を出た。⑼³⁸

心配なことがあって、晴れ晴れしない顔つき。
▶「浮かぬ顔」とも言う。

例 兄は＿＿＿で帰ってきた。 ⑼⁴³

いつもとちがって。

例 母は＿＿＿機嫌が悪い。 ⑼³⁹

多くても少なくても。程度のちがいはあっても。

例 誰にでも＿＿＿、よい面があるものだ。 ⑼⁴⁴

そうではないと打ち消すことができない。

例 気持ちがゆれ動いたことは＿＿＿。 ⑼⁴⁰

決まった言い回しの言葉
連語

決まった言い回しの言葉
連語

お構い無し

思いのまま

(945)

(949)

決まった言い回しの言葉
連語

決まった言い回しの言葉
連語

惜しげも
なく

思い
やられる

(946)

(950)

決まった言い回しの言葉
連語

決まった言い回しの言葉
連語

遅かれ早かれ

数える程

(947)

(951)

決まった言い回しの言葉
連語

決まった言い回しの言葉
連語

思いの外

間断なく

(948)

(952)

思うとおりに。自由に。

例 人を＿＿＿にあやつる。 (949)

まわりの様子を気にかけないこと。

例 人がいても＿＿＿で、しゃべっている。 (945)

〔悪い状態になりそうで〕心配である。

例 のんきな息子の、先が＿＿＿。 (950)

惜しいという気持ちや、もったいないという
気持ちがない。

例 高級な材料を＿＿＿使った料理。 (946)

〔簡単に数が数えられるくらい〕少数である
様子。
▶「数える程しかない」「数える程しかいない」の形
で用いることが多い。

例 以前はメダカがたくさんいたが、今は＿＿＿しかいな
い。 (951)

おそい早いのちがいはあっても、いつかは。
どうせそのうちに。

例 ＿＿＿みんなにもわかってしまうことだ。 (947)

切れ目なく。とぎれることなく。

考えていたこととはちがって。

例 ＿＿＿雨がふり続いている。 (952)

例 ＿＿＿、早く着いた。 (948)

聞（き）くともなく

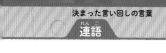

㊚953

毛筋（けすじ）ほどの

㊚957

期（き）せずして

㊚954

ここぞとばかり

㊚958

忌（き）たんのない

㊚955

越（こ）したことはない

㊚959

苦（く）も無（な）く

㊚956

語弊（ごへい）がある

㊚960

[一本の髪の毛ほどに] きわめて、わずかな。

例 _____うたがいもない。 957

今がまさにそのときであるというように、ひたすら。

例 _____声を張り上げる。 958

《「…に越したことはない」の形で》…であれば、そのほうがよい。

例 家賃は安いに_____。 959

言葉の使い方が悪くて誤解される。

例 まちがいだと言っては_____。 960

特別に聞くつもりではなく。

例 ラジオを_____聞いていた。 953

はじめから予想していたわけでもないのに。思いがけなく。

例 優勝の知らせに、_____喜びの声が上がった。 954

遠慮のない。

例 _____意見を述べる。 955

苦労せずに。

例 何の_____十キロメートルを走り切った。 956

しかるべき

961

それもそのはず

965

してやられる

962

絶え間なく

966

好き好んで

963

矯めつ
すがめつ

967

先見の明

964

遅遅として

968

連語

[前のことを受けて] そうなっても当然なこと。そうなるのも、もっともなこと。

例 優勝した。_____、毎日厳しい練習をしてきたのだから。 965

連語

❶そうするのがあたりまえである。
❷それに適している。
▶少し古い言い方。

例 ❶ほめられて_____立派なおこないである。
❷_____人に調査をたのむ。 961

連語

とだえることがなく。

例 鳥の鳴き声が_____続く。 966

連語

相手のたくらみにうまくだまされる。また、先をこされる。

例 また彼に_____してやられた。 962

連語

一つのものを、いろいろな方向からよく見る様子。

例 骨董品の茶わんを_____眺める。 967

連語

特別に好きで。
▶あとに打ち消しの言葉が続く。

例 誰も_____苦労などしない。 963

連語

物事の進み方がおそい様子。
▶ふつう「遅々として」と書く。

例 _____作業が進まない。 968

連語

先のことを前もって見通す、かしこさ。

例 おさないころから外国語を学ばせるなんて、_____がある。 964

地の利

969

時の人

973

つかぬこと

970

所狭しと

974

とうの昔

971

とてもじゃないが

975

時の運

972

とめどなく

976

世間で話題になっている人。

例 今年のノーベル賞受賞者が、_____としてテレビに出る。 973

あることをおこなうのに、土地の位置や様子がちょうどよいこと。

例 駅直結の_____をいかしたスキーリゾート。／_____を得る。 969

その場所がせまく感じられる様子。

例 商品を_____ならべる。 974

それまでの話と、まったく関係のないこと。いきなりであること。

例 _____をうかがいますが、家はどちらですか。 970

どのようにしても。
▶「とても」を強めた言い方。

例 _____、そんなにたくさん食べられない。 975

ずっと前。とっくの昔。

例 あの遊園地は_____になくなった。 971

終わることがなく。かぎりなく。
▶「とめどもなく」とも言う。

例 涙が_____流れた。 976

そのときの成り行き。めぐりあわせ。

例 勝負は_____。 972

260

取り留めのない

(977)

抜きつ抜かれつ

(981)

なくてはならない

(978)

果たせるかな

(982)

名ばかり

(979)

引く手あまた

(983)

煮え切らない

(980)

比類ない

(984)

連語

相手を追いこしたり相手に追いこされたり。
追いつ追われつ。

例 ＿＿＿のレース。 981

連語

はっきりとしたまとまりのない様子。

例 ＿＿＿おしゃべり。 977

連語

思っていたとおり。やっぱり。
▶やや古い言い方。

例 ＿＿＿失敗した。 982

連語

❶ないとこまる。ないというわけにはいかない。

❷…しないわけにはいかない。

例 ❶彼はサッカー部に＿＿＿選手だ。
❷こまっている人がいたら、助けてやら＿＿＿。 978

連語

［仕事や遊びで］さそってくる人が多い様子。

例 ＿＿＿のタレント。 983

連語

名前だけがあって、本当の内容がともなわないこと。

例 デパートとは＿＿＿の小さな店。 979

連語

比べるものがないほど、すぐれている様子。

例 ＿＿＿美しさ。 984

連語

思い切りが悪くて、ぐずぐずしている。考えや態度などが、はっきりしない。

例 ＿＿＿態度にいらつく。 980

他（ほか）でもない・
外（ほか）でもない

（985）

待（ま）ちに
待（ま）った

（989）

他（ほか）ならない・
外（ほか）ならない

（986）

右（みぎ）へならえ

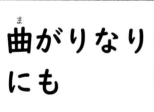

（990）

曲（ま）がりなり
にも

（987）

見（み）ず知（し）らず

（991）

又（また）とない

（988）

見（み）るともなく

（992）

[早く来ないかと] ずっと待っていた様子。

例 ＿＿＿運動会。 (989)

ほかのものではない。そのこと以外のことではない。

例 この話は、＿＿＿僕自身の体験です。 (985)

人のまねをすること。

例 なんでも＿＿＿では進歩しない。 (990)

ほかのことではない。たしかにそれである。

例 この成功はきみの努力の結果に＿＿＿。 (986)

一度も会ったこともなく、まったく知らないこと。

例 ＿＿＿の人。 (991)

完全ではないが、どうにかこうにか。

例 ＿＿＿平泳ぎができるようになった。 (987)

見ようと思ってではなく、ぼんやりと見ている様子。

例 二階から＿＿＿通りを眺めていると、兄が歩いていた。 (992)

❶二度とない。
❷二つとない。これ以上のものはない。
▶ひらがなで書くことが多い。

例 ❶＿＿＿機会。 ❷＿＿＿幸運。 (988)

264

見れば
見る程

(993)

やり切れない

(997)

もってこい

(994)

行きつ
戻りつ

(998)

もんどり
打つ

(995)

寄せ付けない

(999)

矢のように

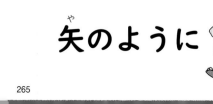

(996)

よりによって

(1000)

連語

❶終わりまですることができない。
❷がまんできない。

例❶この量の宿題は、期限までに_____。
　❷こう暑くては、_____。　　　　(997)

連語

よく見ると、さらに。

例 _____すばらしい絵だ。　　　　(993)

連語

［どうしたらよいかわからずに］同じところを行ったりもどったりすること。

例 家の前を_____する。　　　　(998)

連語

ちょうどよく合うこと。注文したかのように、望みどおりになっている様子。おあつらえむき。

例 ここは、遊ぶのには_____の場所だ。　(994)

連語

❶そばに近づけない。受け入れない。
❷ずばぬけてすぐれていて、ほかのものを問題にしない。

例❶孤独を好み、人を誰も_____。
　❷二位以下をまったく_____。　　(999)

連語

とび上がって空中で一回りする。とんぼ返りをする。

例 ねこがもんどり打ってたおれた。　　(995)

連語

ほかにいくらでもよいえらび方があるのに、ことさら（変なものを）えらんで。

例 _____、こんな大雨の日に出かけなくてもいいだろう。　　　　(1000)

連語

とてもすばやいことや、まっすぐであることのたとえ。

例 ランナーが目の前を_____走りぬけていった。　(996)

266